AF311871

TESTAMENT

ET
CODICILLE
DE
CHARLES II.
ROY D'ESPAGNE,

Fait le 2. Octobre 1700.

AVEC PLUSIEURS PIECES curieuses concernant ledit Testament;

LE TRAITE' SECRET DE PARTAGE du Royaume d'Espagne : Le Memoire de l'Ambassadeur d'Hollande, & la reponse audit Ambassadeur.

A LA HAYE
Chez JEAN HENRY, Imprimeur
& Libraire.

M. DCC. I.

TESTAMENTO

Del Señor Rey

DON CARLOS

SEGUNDO,

Hecho en 2. de Octubre 1700.

EN el nombre de la Santißima Tri-
nidad , Padre , Hijo , y Espiritu
santo , tres Personas distinctas , y un
solo Dios verdadero ; y de la santa Virgen Maria , madre del Hijo y Verbo
Eterno, y Señora nuestra , y de todos los
Santos de la Corte Celestial.

Yo Don Carlos , por la gracia de Dios
Rey de Castilla , de Leon , de Aragon ,
de las dos Sicilias , de Jerusalem , de Navarra , de Granada , de Toledo de Valencia , de Galicia , de Mallorca , de
Serdeña , de Sevilla , de Cordova , de
Corsega , de Murcia , de Jaën , de los

TESTAMENT
DE
CHARLES II.
ROY D'ESPAGNE,

Fait le 2. d'Octobre 1700.

AU nom de la Tres-sainte Trini-
té , Pere , Fils , & Saint Esprit,
trois Personnes distincte , qui toutes
trois ne font qu'un seul & vrai Dieu;
& de la sainte Vierge Marie , Mere
du Fils & Verbe Eternel , nôtre Pro-
tectrice ; & de tous les Saints de la
Cour Celeste.

Moi Don Carlos , par la grace
de Dieu , Roy de Castille , de Leon,
d'Aragon , des deux Siciles , de Jerusalem , de Navarre , de Grenade , de
Tolede , de Valence , de Galice , de
Majorque , de Seville , de Sardaigne,
de Cordoüe , de Corsegue , de Mur-

Algarves , de Algecira , de Gibraltar, de las Islas de Canaria , de las Indias Orientales y Occidentales , Islas y Tierra-Firme del Mar Oceano ; Archiduque de Austria , Duque de Borgoña , de Bravante , de Milan , de Athenas , y de Neopatria , Conde de Absburg , de Flandes , de Tirol , y de Barcelona. Señor de Viscaia y de Molina ; conosco que como mortal no puedo escapar de la muerte , pena en que todos encorrimos por el pecado de nuestro primer padre ; y hallandome , como me hallo , enfermo en la cama de enfermedad , que Nuestro Señor ha sido servido darme , por tanto hago mi Testamento , ordeno e declaro mi ultima voluntad por esta escritura , estando en mi libre y sano judicio , qual Nuestro Señor fue servido que le tuviesse.

I. Suplico à J. C. Nuestro Dios, y Señor , verdadero Dios , y hombre , que por los meritos de su Passion y sangre use con migo el mayor de los pecadores de su misericordia , y clemencia: y aunque le hè sido tan desagradecido que no le hè servido como devo , ni

cie, de Jaën, des Algabres, d'Algezire, de Gilbraltar, des Isles Canarie, des Indes Orientales & Occidentales, des Isles & Terre-Ferme de la Mer Oceane ; Archiduc d'Autriche, Duc de Bourgogne, de Brabant, de Milan, d'Athenes, &c. Comte d'Aspurg, de Flandre, de Tirol & de Barcelone, Seigneur de Biscaïe & de Molina ; connoissant que comme mortel, je ne puis éviter la mort, que nous avons tous enconrüe par le peché de nôtre premier Pere ; & me trouvant malade au lit d'une longue maladie, dont il a plû à Dieu de m'affliger, je declare ma derniere volonté par ce present Testament, lequel, par un éfet de sa bonté divine, je fais avec un entendement aussi libre & sain, que je l'aïe jamais eu.

Premierement, je prie Nôtre-Seigneur Jesus-Christ, vrai Dieu & homme, par les mérites de sa Passion & de son Sang, d'user envers moi, le plus grand de tous les pécheurs, de sa miséricorde & de sa clemence : & bien que je ne l'aïe point

reconocido los singulares beneficios y mercedes, que me ha hecho spirituales y temporales, obedeciendo, y cumpliendo en todo su santa Ley, y amandole con el amor a que tan aventajados, y extraordinarios favores me obligan; me dè su gracia, para que como hè vivido siempre en su santa Fee muera en ella y en la obediencia Cat. Rom. y assi lo protesto, y quiero hazer como fiel hija de ella.

I I. Y para que me duela de mis pecados con verdadero dolor, qual quisiera y desearia tener para remedio de mis culpas con la virtud y gracia de los Sacramentos, que para bien y remedio nuestro con piedad Dios instituyo en su Iglesia; supplico a la santa Virgen Maria su madre, que como abogada de los pecadores y mia, para todo el tiempo que me que dare de vida, especialmente de ella, me socorra, y ayude con su intercession, para que su precioso Hijo me conceda su divino favor, y gracia. Siempre la hè tenido por Seño-

fervi comme je devois , & que j'aïe mal reconnu les graces & les faveurs fpirituelles & temporelles qu'il m'a faites, au lieu d'accomplir en tout fa fainte Loi , & de l'aimer de cet amour tendre , auquel m'obligeoient tant de bienfaits extraordinaires ; je le fuplie de me donner fa grace , afin que je meure , comme j'ai toûjours vécu, dans fa fainte Foi, & dans le fein de l'Eglife Catholique Romaine. Je le protefte ainfi , & le veux faire comme fils tres-obéïffant du Saint Siége.

I I. Et afin que je me repente de mes péchez avec une vraïe douleur, & telle que je la voudrois avoir par la vertu & par l'efficace des Sacremens, que Dieu par fa mifericorde à inftituez dans fon Eglife, pour fervir de remede à nos fautes ; je prie la Vierge Marie fa Mere , que comme Avocate des pécheurs, & la mienne, elle veüille me fecourir & m'aider par fon interceffion, pendant tout le tems qui me refte à vivre , pour me faire obtenir de fon fils la grace, dont j'ai befoin pour mourir en chrétien,

A v

ra y abogada con especial devocion quanta hè podido con mi floxedad y flaqueza, y espero en su misericordia y clemencia, la usara conmigo en todos tiempos, y mayor en el aprieto de la muerte, y particolarmente por la devocion y affecto, que siempre hè tenido al soberano y extraordinario beneficio que recivio de la poderosa mano de Dios, preservandola de toda culpa en su immaculada Concepcion; por cuya piedad hè hecho con la Sede Apostolica todas las diligencias que hè podido, para que assi lo declare, y en mis Reynos hè deseado, y procurado la devocion de este misterio; y en conformidad de lo que ordenò el Rey mi Señor y mi padre, la hè mandado llevar en mis estandartes reales como empresa: y si en mis dias no pudiere conseguir de la Sede Apostolica esta decision, ruego muy affectuosamente a los Reyes, que me sucedieren, continuen las instancias que en mi nombre, se huvieren hecho, con grande aprieto, hasta que lo alcancen de la Sede Apostolica. Tambien supplico a los bienaventurados San Miguel Archangel, y al Angel, y Angeles santos de mi guar-

J'ai eu toûjours pour elle toute la dévotion, dont je pouvois être capable
selon ma foiblesse & mon infirmité ;
& j'espere de sa bonté & de sa clé-
mence, qu'elle me protégera en tout
tems , & principalement au jour ter-
rible de ma mort, à cause de la vénération singuliére & affectueuse que j'ai
conservé toute ma vie pour son im-
maculée Conception , pour la déclaration de laquelle j'ai fait auprés du
Siége Apostolique toutes les poursui-
tes & les instances que j'ai pû ; outre
le soin que j'ai pris d'introduire &
d'établir dans mes Royaumes la dévotion & le culte de ce Mistére , en
le faisant representer & porter pour
devise dans mes Etandarts royaux, en
conformité de ce que le Roy mon
pere avoit ordonné. Et si de mon vivant je ne puis obtenir du Saint Sie-
ge cette décision , que j'ai tant desi-
rée , je prie de tout mon cœur les
Rois qui me succederont , de continuer avec ardeur les instances qui auront été faites en mon nom, jusques à
ce que le Siége Apostolique la leur
accorde. Je prie pareillement l'Ar-

A vj

da, y a los santos Apostoles S. Pedro, S. Pablo, y Santiago Padron de España, san Carlos, san Phelipe, san Domingo, san Benito, san Francisco, y santa Theresa, de quien me hè mostrado con tan particolares demonstraciones devoto, santos mis Avogados, y a todos los demas de la Corte Celestial, intercedan por mi con mi Dios y Señor al mismo fin, y para que me dè gracia efficace, para che yo me duela de mis pecados de todo coraçon, y con todas verra de el ame a este Señor y Dios mioque tanto merece ser amado.

III. Mando que despues de mi fallecimiento mi cuerpo sea llevado con la menor pompa que mi estado real permite, al Monasterio de San Lorenzo el Real, y alli sea sepultado en el Panteon, deputado para los cuerpos de los Señores Reyes mis predecessores, y para mis sucessores, y el mio se plonga en el lugar que lo corresponde, segun la orden que el Rey mi Señor y mi padre dejò dada para la colocacion de los cuerpos reales quando feneciò esta obra.

change Saint Michel , & mes Anges Gardiens, les Saints Apôtres S. Pierre S. Paul , & S. Jâques Patron d'Espagne, S.Charles, S.Philippe, S.Dominique, S.Benoît, S.François,& Sainte Therese, pour qui j'ai montré une devotion toute particuliére ; mais saints Intercesseurs,& tous les autres Saints de la Cour Celeste, d'interceder pour moi envers Dieu , afin que par le secours d'une grace efficace , j'aïe un sensible regret de l'avoir offensé , & que je puisse enfin l'aimer au point qu'il mérite d'être aimé.

III. J'ordonne, qu'aprés ma mort mon corps soit porté avec la moindre pompe que peut permettre mon état Royal , au Monastére de S. Laurent le-Royal, * , pour être mis dans le Panteon, destiné à la sépulture des Rois mes prédécesseurs & mes successeurs , au lieu qui lui appartient , selon l'ordre que le Roi mon Pére voulut être gardé pour l'arrangement de nos corps , lorsqu'il acheva cet ouvrage.

* Autrement dit l'Escurial.

IV. Y por quanto de mi orden se
han hecho algunas fundaciones en dicho
Monasterio, y para ello señalado algunas rentas, mando se conserven en la
misma forma que lo hè dispuesto en sus
mismas fundaciones y dotaciones.

V. Mando a los Reyes mis sucessores, que tengan muy especial cuidado
de la conservacion de este Real Monasterio, en la forma y con la mayor
grandeza che le fundò, y dotò, el Señor
Rey D. Philippe II. mi visabuelo.

VI. Mando, que el dia de mis
muerte todos los Clerigos y Religiosos
del lugar, donde muriere, digan missa
por mi alma; y en los Altares previle-
giados se digan todas las che se pudieren dezir por tres dias: y quiero que
demas de esto se digan por mi alma à
cumplimiento de cien mil missas: y es
mi intencion que las que, por la misericordia de Dios, no tuviere necessidad,
se apliquen por mis padres, y por los
demas predecessores; y en caso que tam-
poco las ayan menester, se appliquen à
las animas del Purgatorio mas necessitadas, segun mi intencion: y mis Te-

IV. Et dautant que par mon ordre ont été faites quelques fondations dans ce Monaſtére avec aſſignation de quelques rentes, je veux que cela ſoit éxécuté en la maniére que je l'ai ordonné dans les Actes mêmes de ces fondations.

V. Je recommande aux Rois mes ſucceſſeurs d'avoir un ſoin particulier de conſerver ce Royal Monaſtére dans toute la ſplendeur & magnificence qu'il a été fondé par le Roi Don Philippe II. mon biſayeul.

VI. J'ordonne, que le jour de ma mort, tous les Prêtres & les Religieux du lieu où je mourrai, diſent la meſſe pour le répos de mon ame; & que durant trois jours on célebre autant de meſſes qu'il ſe pouurra aux Autels privilegiez : & de plus, je veux qu'on diſe pour moi juſques à cent mille meſſes : & mon intention eſt, que celles dont, par la miſéricorde de Dieu, je n'aurai plus beſoin, s'apliquent à celui de mes peres, & de mes autres prédéceſſeurs ; & au cas qu'elles ne leur ſoient point neceſſaires auſſi, aux ames du

mentarios encargaràn à los que las huvieren de dezir, las digan y apliquen conforme à esta intencion, y ellos tambien señalaran la limosna que por ellas se huviere de dar.

VII. Y por quanto el Rey mi Señor y mi padre mandò situar tres mil ducados de renta, que con efecto se situaron en el servicio de los ocho mil soldados, que el Reyno concediò per menor esta villa de Madrid y su provincia, con consentimiento de ella, para redimir captivos, casar huerfanas, y sacar pobres de la carcel, y despues aumentò dichos tres mil ducados, à seis mil de renta en cada un año, situados en el mismo servicio de los ocho mil soldados; y si no cupiessen en el, se situassen en las rentas mas ciertas y seguras que huviesse desembarazadas y fuessen vacando, ò vacassen despues de sus dias; y que estos seis mil ducados de renta se empleassen los dos mil de ellos en redimir captivos, prefiriendo los que huviessen servido en sus exercitos, y armadas; y en defecto de estos se redimiessen otros sus

Purgatoire les plus délaissées : & les
Executeurs de mon Testament re-
commanderont à ceux qui auront à
les dire, de les dire conformément
a cette mienne intention, & regle-
ront l'aumône qu'ils auront à donner pour cet effet.

VII. Et dautant que le Roi mon
pere ordonna d'établir un fonds de
trois mille ducats de rente pour racheter des captifs, pour marier des
filles orfelines,& pour tirer de prison
des pauvres, détenus pour dettes; (lequel fonds fut en effet assigné avec le
consentement de la ville de Madrid
& de sa Province, sur les deniers de-
stinez à l'entretien des 8000. soldats
que le Royaume de Castille lui avoit
accordez auparavant ;) & que depuis il augmenta cette rente jusques
à 6000. ducats par an ; voulant que
si cette assignation ne se trouvoit pas
suffisante, elle fût faite sur les rentes
les plus certaines & les plus seures
qu'il y auroit, par exemple, celles
qui vaquoient déja, ou qui vaque-
roient aprés son decez : & que de ces
six mille ducats de rente, il en fut

vassallos, prefiriendo los niños, y mugeres, y los que estuviesen en mayor peligro espiritual : otros dos mil ducados de renta se empleassen en casar huerfanas, hijas de criados de las Casas Reales; y los dos mil ducados restantes, en sacar pobres de la carcel; dejando la elecion de las personas en todos los dichos generos, (en lo que no fuesse contrario a lo dispuesto de los captivos) al arvitrio y voluntad de los Reyes sus sucessores, y de su Confessor, y Limosnero mayor, che havian de proponer las mas necessitadas, y en quien concurriessen las mayores causas para gozar de esta limosna; prefiriendo en todo sus criados, y los de los Reyes y Reynas que por tiempo fuessen; y ante todas cosas el pagar las deudas de su Mag. Declaro y es mi voluntad, que esto se observe, cumpla, y execute puntual y literalmente como està dispuesto.

emploïé deux mille à racheter des Captifs, préférant ceux qui auroient servi dans ses armées ; & au défaut de ceux-ci, les femmes, les petits enfans, & ceux qui seroient en plus grand danger de renoncer la Foi : deux mille autres, à marier des orfelines, filles de serviteurs domestiques de la Maison Roïale ; & les deux mille restans, à délivrer des prisonniers pauvres; laissant le choix des personnes de ces trois especes ; (en ce qui ne préjudicieroit point à la disposition faite en faveur des Captifs) à la volonté & discretion des Rois ses successeurs, & de son Confesseur, & de son Grand-Aumônier ; avec ordre à ces deux derniers, de proposer les personnes les plus necessiteuses, & en qui se rencontreroient les meilleures causes pour obtenir cette aumône ; préférant toûjours ses domestiques,& ceux des Rois & des Reines actuellement regnans ; mais avant toutes choses aquitant les dettes de Sa Majesté. Je veux donc & entens que cela soit observé, accompli, & executé ponctuellement, & au pié de la lettre, comme il est ordonné.

VIII. Por lo mucho que devo à Dios nuestro Señor, y por lo che deseo el bien espiritual del que me sucediere legitimamente en estos mis Reynos y Señorios, le ruego y encargo afectuosamente, que como Principe Catolico, para bien suyo y de sus Reynos, sea muy zeloso de la Fè, y obediente à la Sede Apostolica Romana; viva y proceda en todas sus aciones como temeroso de Dios, observante de su santa Ley, y mandamientos; procurando en todo la divina gloria y exaltacion de su nombre, propagacion de su Fè, y aumento de su servicio; honrre mucho a la Inquisicion, la ayude y la favoresca, por lo que zela, y guarda la Fè, cosa tan necessaria, especialmente en estos tiempos en que tanto se han derramado las heresias; honrre y ampare el Estado Ecclesiastico, y le guarde, y haga guardar sus exempciones y imunidades; honrre y favoresca las Religiones, y procure con veras su reformacion en lo que la huvieren menester; administre en sus Reynos Justicia con igualdad; ame a sus vassallos, y con entrañas y amor de padre los procure relevar, y en todo cuide de su bien

VIII. Pour m'aquiter de ce que je dois à Dieu & à ma conscience, & pour satisfaire au desir que j'ai de procurer le bien spirituel de celui qui me succedera legitimement en mes Royaumes, je le prie & lui recommande cordialement, d'être, pour son propre bien, & pour celui de ses peuples, grand zélateur de la Foi, & parfaitement obéiſſant au S. Siége Apoſtolique ; de vivre & de proceder en toutes ses actions comme Prince Catholique, craignant Dieu, & soigneux d'obſervet ses commandemens ; en procurant en tout & par-tout sa gloire & l'exaltation de son Nom, la propagation de sa Foi, & l'avancement de son service ; d'honorer, aider, & favoriſer l'Inquiſition, pour le soin qu'elle prend de conſerver la Foi, qui eſt une choſe si neceſſaire, particuliérement aujourd'hui que les héreſies se font répanduës en tant d'endroits ; d'honorer & proteger le Clergé, & de lui garder & faire garder ses exemptions & ses immunitez ; d'aimer & favoriſer les Ordres Religieux, & d'en

y prosperidad : y con esto tendra el coraçon de todos , y Nuestro Señor con particular providencia le assistira , y audey-
ra à la medida de la caridad con que
mirare por ellos. Y en particular le encargo zele mucho y vele sobre los Ministros , no consintiendoles defecto alguno
en la parte de la entereza y incorru-
ptibilidad , aun en las minimas cosas ,
por ser el daño mayor que puede pade-
cer el Govierno ; y por haver sido yo tan
enemigo de semejante abuso.

I X. En todos mis Reynos , Señorios,
y Estados , y se haguardado y guarda
la Religion Catolica Romana , y mis
gloriosos predecessores la han guardado
y mantenido , y gastado y empeñado en
defensa de ella el Patrimonio Real , an-
teponiendo la honrra y gloria de Dios ,
y de su santa Ley , à todas las cosas y
consideraciones temporales. Y porque esta

procurer éficacement la reformation en tout ce qui en aura befoin ; d'adminiftrer par-tout la juftice avec égalité ; de traiter fes peuples avec un amour paternel , & de s'étudier à les rendre heureux : par où il gagnera leur cœur , & deviendra agréable à Dieu, qui l'affiftera & bénira felon la mefure de la charité , dont il ufera envers eux. Je lui recommande particulierement de veiller de prés fur les Miniftres, fans leur fouffrir aucune faute , non pas même dans les moindres chofes, quant à ce qui regarde la droiture & l'incorruptibilité; attendu que le Gouvernement ne peut pas recevoir un plus grand dommage ; & que j'ai toûjours été ennemi de cet abus.

I X. La Religion Catolique Romaine s'eft gardée & fe garde encore dans tous mes Royaumes , Etats, & Seigneuries ; & mes glorieux Prédécefleurs , pour la maintenir , conferver, & défendre , ont emploïé , & même engagé leur patrimoine Royal, préférant l'honneur & la gloire de Dieu & de fa fainte Loi à tous les interêts

es la primera obligacion de los Reyes, ruego y encargo à mis succeſſores, que cumpliendo con ella hagan y executen lo miſmo. Y ſi (lo que Dios no quiera ni permita) alguno de mis succeſſores profeſſare alguna ſecta o heregia de las condenadas y reprovadas por nueſtra ſanta madre Ygleſia Catolica Romana, y ſe apartare y ſepararare de eſta unica y verdadera ſagrada Religion, por el miſmo hecho le doy y declaro por incapaz e inhabil para la governacien y regimiento de todos los dichos Reynos y Eſtados, y de qualquiera de ellos, y del officio y dignidad de Rey; y le privo de la ſuceſſion, poſſeſſion, y derecho de ellos, abrogo y derogo y doy por ningunas qualeſquier leyes, fueros, y ordenanças que lo puedan impedir; y me conformo con las Leyes Canonicas, y de los ſantos Concilios, y diſpoſiciones Pontificias, que privan à los hereges y apoſtatas de los dominios temporales; uſando (como para eſto uſo) de la plenitud de mi poteſtad con cierta ſciencia y con todas las fuerças y clauſulas neceſſarias para que lo que aqui eſtà contenido, ſe cumpla, guarde y execute, y tenga fuerça de ley,

como

térêts temporels. Et d'autant que c'eſt là la premiere obligation des Rois, je prie fort mes ſucceſſeurs d'y ſatisfaire exactement. Et ſi quelqu'un d'eux (plaiſe à Dieu que cela n'arrive point) embraſſe quelque Secte de celles que nôtre ſainte Mere l'Egliſe Catolique-Romaine a condamnées, & ſe ſepare de cette unique & veritable Religion ; je le declare & le tiens dés maintenant pour incapable & inhabile de gouverner leſdits Roïaumes & Etats, & déchû de l'Office & dignité de Roi ; & le prive de la ſucceſſion, poſſeſſion, & droit qu'il y pourroit avoir, abrogeant & annullant toutes Loix, Ordonnances, Coûtumes, & Privileges à cecon traires, & me conformant aux Loix Canoniques, aux Decrets des ſaints Conciles, & aux Conſtitutions Papales, qui privent les hérétiques & les apoſtats de tous domaines temporels; uſant comme je fais en ce cas, de la plénitude de ma puiſſance, avec ſcience certaine, & avec toutes les clauſes & formules neceſſaires, à ce que le contenu en cet article s'accom-

como si fuera hecha y publicada en Cortes, con las solenidades, que son ne-
cessarias en cadauno de mis Reynos y
Estados.

X. Tambien ruego y encargo a mis
successores, que por tiempo fueren, goviernen mas las cosas por consideraciones de Religion, que no por respeto de
Estado politico; que con esto obligaràn à
Dios Nuestro Señor, à que con particu-
laridad los ayude y assista, posponiendo
las comodidades propias al servicio y
exaltacion de su Fè. Y yo en las cosas
grandes, que se han ofrecido, tuve por
mejor y mas conveniente faltar à las razones de Estado, que dispensar y dissimu-
lar y un punto en materia que mira alla
Religion.

X I. Item mando y encargo à todos
los successores de esta Corona, que por
quanto en reconocimiento y obsequio de
la suprema veneracion, que todo fiel
Christiano deve tener alsoberano misterio

plisse , s'observe , & s'execute , &
tienne force de loi , autant que si
cela avoit été fait & publié en pleine
assemblée d'Etats, avec toutes les solemnitez qui sont requises dans chacun de mes Royaumes & de mes
Etats.

X. Je recommande pareillement
à mes successeurs , qui seront pour
lors , de gouverner plûtôt par des
motifs de Religion, que par des con-
sidérations d'Etat & de Politique ,
préferant le service de Dieu & l'exaltation de sa Foi à leurs propres avantages : ce qui fera que Dieu les ai-
dera & les assistera tres-particuliére-
ment. Pour moy , je puis dire , que
dans les grandes affaires qui me sont
survenües , j'ai mieux aimé manquer
& contrevenir aux raisons d'Etat, que
de dissimuler & conniver dans les
choses qui pouvoient préjudicier à la
Religion.

X I. Et comme, à l'imitation de la
tres-auguste Maison d'Autriche , j'ai
une dévotion & une vénération singuliére pour le souverain Mistére du
Saint Sacrement , ainsi que tout bon

del Santo Sacramento, y yo en especial por la mas estrecha y singolar que le reconozco, y toda la augustissima Casa de Austria; dispuseque para merecer mayor favor suyo, y consuelo mio, se colocasse en la Real Capilla de Palacio; se continue para siempre, como lo fio y espero de mis sucessores: y tambien les encargo y mando se continue la solenidadde las Quarenta horas, que en cada principio de mes està fundada, haziendo se con toda aquella devocion y autoridad que mas se pudiere esecutar; y que assi mismo se continuen los Officios Divinos en la dicha Capilla, con el mismo cuidado que hasta aqui lo hè procurado, y mas (si ma puede ser;) y para este fin se conserven todos los ministros y oficiales de dicha mi Capilla Real, assi de musica, como de instrumentos y de voces, y los demas assistentes, que se hallan de pre-de presente, y fueren sucediendo en sus vacantes; para lo qual tengo hecha dotacion en diferentes medios y rentas, que para este fin estan aplicados.

XII. Si Dios por su infinita misericordia me concediere hijos legitimos, declaro por universal heredero en todos

Chrétien la doit avoir ; & que pour ma consolation particuliere , & pour mériter aussi les plus grandes faveurs du Ciel , j'ai ordonné que cet adorable Sacrement fût placé dans la Chapelle Royale du Palais ; je recommande à tous les successeurs de cette Couronne , de continuer pour toûjours cette dévotion, comme aussi celle des Quarante-heures , qui est fondée pour le commencement de chaque mois ; & la célébration de l'Office Divin dans la même Chapelle, de la maniére que je l'ai institué ; & encore mieux , s'il est possible ; ce que j'espere qu'ils feront. Et pour cet éfet, je les prie de conserver tous les Officiers de ma Chapelle Royale , soit de Musique , ou d'instrumens , tant ceux qui se trouvent actuellement dans le service , que ceux qui leur succederont, conformément à ma fondation, & aux revenus que j'ai apliquez à cet usage.

X I I. Si Dieu , par sa miséricorde infinie , me donne des enfans légitimes , je déclare pour héritier universel de tous mes Royaumes, Etats, &

mis Reynos, Eſtados, y Señorios, al hijo varon mayor, y a todos los demas
que par ſu orden deven ſuceder, y en
falta de varones, las hijas; en conformidad de las leyes de nueſtros Reynos:
y no haviendoſe dignado Dios, al tiempo de hazer eſte Teſtamento, de hazerme eſta merced; ſiendo mi primera obli-
cion mirar por el bien de mis ſubditos,
diſponiendo ſe conſerven todos mis Reynos
en aquella union que les conviene, guar-
dandoſe por ellos la devida fidelidad à
ſu Rey y Señor natural, no dudando de
la que ſiempre han profeſſado, ſe arre-
glaran a los mas juſto, corrovarado con
la ſuprema autoridad de mi diſpoſicion.

XIII. Y reconociendo conforme à
diverſas conſultas de Miniſtros de Eſtado
y Juſticia que la razon, en que ſe fun-
da la renuncia de las Señoras Doña
Ana, y Doña Maria Thereſa, Reynas
de Francia, mi tia, y hermana, à la
ſuceſion de eſtos Reynos, fue evitar el
perjuycio de unirſe à la Corona de Francia; y reconociendo que viniendo à ceſ-
ſar eſte motivo fundamental, ſubſiſte el

Seigneuries, mon fils aîné, & tous les autres, qui doivent succéder, selon l'ordre de leur naissance; & au défaut des mâles, les filles, conformément aux loix de nos Royaumes; mais comme Dieu ne m'a pas fait encore cette grace, dans le tems que je fais ce Testament; & que ma premiere obligation est de songer au bien de mes sujets, qui est de faire ensorte que tous mes Royaumes demeurent unis, & gardent la fidelité qu'ils doivent à leur Roi & Seigneur naturel; celle qu'ils ont toûjours montrée, me fait croire qu'ils aquiesceront volontiers à ce qui est le plus juste, le voyant autorisé & fortifié de ma souveraine volonté.

XIII. Aïant donc reconnu par diverses conferences que j'ai eües avec mes Ministres d'Etat & de Justice, que la raison, sur laquelle est fondée la rénonciation des Infantes Anne, & Marie Therese, Reines de France, ma Tante & ma Sœur, à la succession de ces Royaumes, a été d'éviter l'inconvénient de leur union à la Couronne de France ; & que ce

derecho de la sucesion en el pariente mas immediato conforme a las leyes de estos Reynos ; y que oy se verifica este caso en el hijo segundo del Delfin de Francia : por tanto arreglandome à dichas leyes, declaro ser mi sucessor, en caso que Dios me lleve sin dejar hijos, el Duque de Anjou, hijo segundo del Delfin, y como à tal le llamo à la sucesion de todos mis Reynos y Dominios sin exception de ninguna parte de ellos, y mando y ordeno a todos mis subditos y vassallos de todos mis Reynos y Señorios, que en el caso referido que Dios me lleve sin sucesion legitima, le tengan y reconozcan por su Rey y Señor natural, y se le dè luego, y sin la menor dilacion, la possession actual, precediendo el juramento que deve hazer de observar las leyes, fueros, y costumbres de dichos mis Reynos y Señorios. Y por que es mi intencion, y conviene assi à la paz de la Christiandad y de la Europa toda, y à la tranquilidad de estos mis Reynos, que se mantenga siempre desunida esta Monarquia de la Corona de Francia ; declaro consiguientemente à lo referido, que en caso de morir dicho Duque de Anjou, o,

motif fondamental venant à cesser,
le droit de la succession subsiste en
la personne du plus proche parent,
conformément aux loix de ces
Royaumes ; ce qui se rencontre aujourd'hui dans le second fils du Dauphin de France , au cas que je meure
sans laisser d'enfans , m'accommo-
dant ausdites loix , je déclare le Duc
d'Anjou pour mon Successeur , &
comme tel je l'appelle à la succession de tous mes Royaumes, sans
nulle exception, & Ordonne à tous
mes sujets & vassaux , qu'audit cas
que Dieu me retire sans succession
légitime, ils aïent à le tenir & reconnoître pour leur Roi & Seigneur naturel ; & qu'ils lui donnent, sans nul
délai , la possession actuelle desdits
Royaumes , aprés qu'il aura prêté le
serment qu'il doit faire , d'observer
leurs Loix , Priviléges, & Coûtumes.
Et comme c'est mon intention , &
qu'il importe beaucoup au repos de
la Chrétienté & de l'Europe , & à la
tranquillité de mesdits Royaumes,
que cette Monarchie soit toûjours se-
parée de la Couronne de France ; je

B v

en caſo de heredar la Corona de Francia , y preferir el goze della al de eſta
Monarquia , en tal caſo deva paſſar dicha ſuceſion al Duque de Berry ſu her-
mano , y hijo tercero del dicho Delfin ,
en la miſma forma : y en caſo que muera tambien el dicho Duque de Berry , o
que venga a ſuceder tambien en la Corona de Francia ; en tal caſo declaro y
llamo à dicha ſuceſion , al Archiduque,
hijo ſegundo del Emperador , mi tio ,
excluyendo por la miſma razon e inconvenientes contrarios à la ſalud publi-
ca de mis vaſſallos , al hijo primogenito
del dicho Emperador , mi tio ; y viniendo a faltar dicho Archiduque , en tal
caſo declaro y llamo a dicha ſuceſion al
Duque de Savoia , y ſus hijos : y en tal
modo es mi voluntad que ſe execute por
todos mis vaſſallos , como ſe lo mando ,
y conviene à ſu miſma ſalud , ſin que
permitan la menor deſmembracion y me-
noſcabo de la Monarquia fundada con
tanta gloria de mis progenitores. Y por
que deſeo vivamente que ſe conſerve la
paz y union que tanto importa à la
Chriſtiandad , entre el Emperador , mi
tio , y el Rey Chriſtianiſmo ; les pido y

déclare que, si le Duc d'Anjou vient
à mourir, ou, qu'héritant de cette
Couronne, il la préfere à celle d'Espagne; en ce cas la succession d'Espagne passera au Duc de Berry, son
frere, troisiéme fils du Dauphin, en la
même maniere; & au cas que ce Duc
meure aussi, ou qu'il vienne à succeder aussi à la Couronne de France;
j'appelle, en ce cas, à la succession
d'Espagne, l'Archiduc, second fils de
l'Empereur, mon Oncle, excluant,
pour la même raison de la paix de
l'Europe & de mes sujets, le fils aîné
de l'Empereur. Et si ledit Archiduc
vient à mourir aussi, en ce cas j'appelle à la succession le Duc de Savoie, &
ses enfans, & c'est ma volonté que cela s'execute par tous mes Vassaux,
comme je leur ordonne, sans soufrir
qu'une Monarchie fondée par mes
Peres avec tant de gloire, soit démem-
brée, ni diminuée en aucune maniére,
leur propre repos le requérant ainsi.
Et d'autant que je désire avec passion,
que la paix se conserve entre l'Empereur, mon Oncle, & le Roi Tres-
Chrétien, dont l'union importe si

exorto, que estrechando dicha union con el vinculo del matrimonio del Duque de Anjou con la Archiduchesa, logre por este medio la Europa el sossiego que necessitad.

XIV. Y en el caso de faltar yo sin sucesion, ha de suceder el dicho Duque de Anjou en todos mis Reynos y Señorios, assi los pertenecientes à la Corona de Castilla, como la Aragon y Navarra, y todos los que tengo dentro y fuera de España; señaladamente en quanto à la Corona de Castilla, en los de Castilla, Leon, Toledo, Galicia, Sevilla, Granada, Cordova, Murcia, Jaën, Algarbes, de Algecira, Gibraltar, Islas de Canaria, Indias, Islas y Tierra-Firme del Mar Oceano, del de el Norte, y del Sur; de las Philipinas; y otras qualesquiera Islas y Tierras descubiertas, y que se descubrieren de aqui adelante; y todo lo demas en qualquiera manera tocante à la Corona de Castilla. Y por lo que toca a la de Aragon, en mis Reynos y Estados de Aragon, Valencia, Cataluña, Napoles, Sicilia, Mallorca, Menorca, Cerdeña, y todos los otros Señorios, y

fort à la Chrétienté, je les prie & les conjure de vouloir étreindre cette union par le mariage du Duc d'Anjou avec l'Archiduchesse ; afin que par ce moyen l'Europe joüisse du repos dont elle a besoin.

XIV. Et s'il arrive que je meure sans succession, ledit Duc d'Anjou doit me succeder en tous mes Royaumes & Etats, tant ceux qui appartiennent à la Couronne de Castille, que ceux qui dépendent de l'Aragon & de la Navarre, soit d'Espagne, ou hors d'Espagne, & nommément quant à la Couronne de Castille, en ceux de Castille, de Leon, de Tolede, de Galice, de Seville, de Grenade, de Cordüe, de Murcie, de Jaën, des Algarves, d'Algezire, de Gilbraltar, des Isles de Canarie, des Indes, des Isles & Terre-Ferme de la Mer Oceane, de celle du Nort & du Sud ; des Philippines, & de toutes les autres Isles & Terres découvertes, & à découvrir ; enfin de tout ce qui peut appartenir d'une maniére ou d'autre à la Couronne de Castille. Et pour ce qui concerne celle d'Aragon en mes

derechos, como quiera que sean, pertenecientes à la Corona Real de el; y
tambien en el Reyno de Navarra, y qualefquiera otros Eſtados pertenecientes à
la Corona Real de el: y aſſi miſmo en
mi Eſtado de Milan, Ducados de Bravante, Limburg, Luxemburg, Geldres,
Flandes, y todas las demas Provincias,
Eſtados, Dominios, y Señorios, que me
pertenezcan, y puedan pertenezer en
los Payſes-Vajos, derechos, y demas
aciones, que, por la ſuceſſion de ellos,
en mi han recaydo. Y quiero que luego
que Dios me llevare de eſta preſente vida, el dicho Duque de Anjou, ſe llame y
ſea Rey, (como ipſo facto lo ſerà) de
todos ellos, no obſtante qualefquiera re-
nuncias y aſtos, que ſe ayan hecho en
contrario, por carecer de juſtas razones
y fundamentos. Y mando à los Prela-
dos, Grandes, Duques, Marqueſes, Con-
des, y Ricos hombres, y à los Priores
y Comendadores, Alcaydes de las Caſas
fuertes y llanas, y a los Cavalleros,
Adelantados, y Merinos, y à todo los
Conſejos, y Juſticias, Alcaldes, Algua-
ziles, Regidores, Oficiales, y hombres
buenos de todas las Ciudades, Villas,

Royaumes & Etats d'Aragon, Valence, Catalogne, Naples, Sicile, Majorque, Minorque, Sardaigne, & toutes les autres Seigneuries, & droits quels qu'ils soient, appartenans à la Couronne d'Aragon ; comme aussi en mon Royaume de Navarre, & en tous les autres Etats appartenans à cette Couronne ; & pareillement en mon Etat de Milan, en mes Duchez de Brabant, de Limbourg, de Luxembourg, Gueldre, Flandre, & en toutes les autres Provinces, Etats, Domaines & Seigneuries, qui m'apartiennent, ou peuvent apartenir dans les Pais-bas, droits & actions, qui m'y sont échûs par succession. Et je veux qu'aussi-tôt que Dieu m'aura retiré de ce monde, le Duc d'Anjou soit apellé & soit Roi, comme il le sera en éfet de tous ces Royaumes & Etats, nonobstant tous actes & renonciations faites au contraire, comme faites sans raison valable & sans fondement. C'est pourquoi je commande aux Prélats, aux Grands, aux Ducs, aux Marquis, aux Comtes, aux

y Lugares, y Tierras de mis Reynos, y
Señorios, y à todos los Vierreyes, y Governadores, Castellanos, Alcaydes, Ca-
pitanes, Guardas de las fronteras de
aquende y allende el Mar, y à otros
qualesquiera Ministros nuestros, y Oficiales; assi de la governacion de la paz,
como de los exercitos, de la guerra, en
tierra y en mar, assi en todos nuestros
Reynos y Estados de la Corona de Castilla, Aragon, y Navarra, Napoles, y
Sicilia, y Estado de Milan, Payses-Vajos,
y en otra qualquiera parte a nos perte-
neciente, y a todos los otros nuestros
vassallos, subditos naturales de qualquiera calidad y preeminencia que sean,
donde quiera que havitaren, y se hallaren, por la fidelidad, lealtad, suge-
cion, y vassallage que me deven, y
son obligados como à su Rey y Señor
natural, en virtud del juramento de
fidelidad, y omenage, que me hizie-
ron y devieron hazer, que cada, y
quando que pluguiere à Dios llevarme
de esta presente vida, los que se hala-
ren presentes, y los aussentes, luego
que à su noticia viniere, conforme à lo
que las leyes de estos dichos Reynos, Esta-

Ricos-hombres *, aux Prieurs & Commandeurs des Ordres, aux Capitaines des Châteaux, & des Maisons non fortifiées, aux Sénéchaux, aux Gentils-hommes qualifiez, aux Châtelains, & à tous les Conseils, Tribunaux, Alcaldes, Alguazil, Juges, Officiers ; & bons Bourgeois de toutes les Citez, Villes, Bourgs & Villages de mes Royaumes & Seigneuries, & à tous les Vicerois, Gouverneurs, Châtelains, Concierges, Capitaines, & Gardes des frontiéres par deçà & par delà la Mer, & à tous nos autres Ministres & Officiers, tant de paix que de guerre, soit sur terre ou sur mer, en tous nos Royaumes & Etats de Castille, d'Aragon, de Navarre, de Naples, de Sicile, de Milan, des Païs-bas, &c. & à tous nos autres Vassaux, sujets naturels, de quelque qualité & rang qu'ils soient, & en quelque en-

---

* Ce titre est à peu près le même que celui de Baron & de Chevalier Banneret en France. *Ricos-hombres*, c'est proprement ce que nous apellons des hommes de marque & de distinction ; & les Espagnols *Varones principales*.

dos y Señorios, en tal caſo diſponen, y en eſte mi Teſtamento, eſtà eſtableci-
do, hayan, tengan y recivan al dicho Duque de Anjou, en caſo de faltar yo ſin ſuceſion legitima, por ſu Rey y Señor natural, propietario de los dichos mis Reynos, Eſtados y Señorios, en la forma que va diſpueſta; alçen pendones por el, haziendo los actos y ſolenidades, que en tales caſos ſe ſuelen y acoſtumbran hazer, ſegun el eſtilo, uſo, y coſtumbre de cada Reyno y Provincia; preſten, exhiban, hagan preſtar y exhibir toda la fidelidad, lealtad, y y obediencia, que como ſubditos, y vaſſallos ſon obligados à ſu Rey y Señor natural. Y mando à todos los Alcaydes de las Fortalezas, Caſtillos, y Caſas llanas, y a ſus Lugareſtenientes de qualeſquiera Ciudades, Villas, y Lugares, y Deſpoblados, que hagan pleyto omenage ſegun coſtumbre, y fuero de Eſpaña, Caſtilla, Aragon, y Navarra; y todo lo que à ello les toca; y en el Eſtado de Milan, y los otros Eſtados y Señorios, ſegun los eſtilos de la Provincia y parte, donde ſeran por ellos, al dicho Duque de Anjou; y de los tener

droit qu'ils demeurent & qu'ils se trouvent, pour la fidelité, sujetion, & vaffelage qu'il me doivent, comme à leur Roi & Seigneur naturel, en vertu du ferment de fidelité qu'ils m'ont prêté ; qu'à quelque heure que Dieu difpofe de moi, & au cas que je meure fans fucceffion legitime ; ceux qui fe trouveront préfens , & les abfens auffi-tôt qu'ils en auront la nouvelle, tiennent & reçoivent le Duc d'Anjou pour leur Roi & Seigneur naturel , Propriétaire de mes Royaumes, Etats, & Seigneuries, conformément à ce que les Loix defdits Royaumes & Etats ordonnent en tel cas , & à la prefente difpofition de ce Teftament; & qu'ils levent pour lui les Enfeignes & les Etendarts , faifant tous les actes & toutes les folemnitez, qui ont accoûtumé de fe faire en telles rencontres , felon le ftile, l'ufage , & la coûtume de chaque Royaume & Province ; lui rendant & lui faifant rendre toute l'obéiffance qu'ils doivent comme fujets & Vaffaux à leur Roi & Seigneur naturel. Je commande à tous les Gouverneurs des Fortereffes,

y guardar para su servicio durante el tiempo que se les mandare tener ; y despues entregarlos à quien por el les fuere mandado de palabra, o por escrito. Loqual todo que dicho es, cada una cosa y parte de ella, les mando que hagan y complan realmente y con efecto, so aquellas penas y casos feos en que caen, e incurren los reveldes, e inobedientes à su Rey y Señor natural, que violan y quebrantan la lealtad, fè, y pleyto omenage.

XV. Si al tiempo de mi fallecimiento no se hallarè mi sucessor dentro de estos Reynos, conviniendo la mayor y mas autorisada providencia al govierno universal de todos ellos, y la mas conforme a sus leyes, fueros constituciones, y costumbres, segun lo considero el Rey mi Señor y mi

Châteaux, & Maisons simples, & à leurs Lieutenans, de lui faire foi & hommage selon la coûtume & l'usage d'Espagne, Castille, Aragon & Navarre ; & à ceux de l'Etat de Milan, & des autres Seigneuries, selon le stile de la Province, où ils se trouveront ; & de tenir & garder lesdites Places pour son service pendant le tems qu'il lui plaira ; & de les remettre ensuite à qui il ordonnera, soit de bouche ou par écrit. Et j'entens qu'ils fassent & accomplissent réellement & de fait tous & chacun des points marquez ici, sous les peines infamantes qu'encourent les rebelles, & ceux qui par leur désobéissance, violent & rompent la foi qu'ils doivent à leur Roi & Seigneur naturel.

XV. Si au tems de ma mort mon Successeur se trouve absent, la raison demandant qu'il soit pourvû au Gouvernement universel de tous ces Royaumes, conformément à leurs Loix, Priviléges, Constitutions, & Coûtumes, jusques à ce que ledit Successeur y puisse pourvoir lui-même ; comme le Roi mon Pere le con-

Padre, mientras dicho suceſſor pueda por
ſi dar providencia al govierno: mando,
que luego que yo falte, ſe forme una
Iunta en que concurran el Preſidente v
Governador del Conſejos de Caſtilla, el
Vicechancillero Preſidente del de Aragon,
el Arcobiſpo de Toledo, el Inquiſidor
General, un Grande, y un Conſejero de
Eſtado, los que yo dexare nombrados
en eſte mi Teſtamento, o en Codicillo
que yo hiziere, o Papel firmando de mi
mano. Y el tiempo que la Reyna, mi
muy cara y amada muger, ſe conserva-
re en eſtos Reynos y Corte, ruego, y
encargo à Su Mageſtad aſſiſta, y auto-
rize dicha Iunta, laqual ſe tenga en
ſu real preſencia en la pieza y parte
que Su Mageſtad ſeñalare, tomando el
trabajo de intervenir en los negozios,
y en ellos tenga voto de calidad, de modo
que ſiendo iguales los votos, prefiera la
parte donde el voto de Su Mageſtad ſe
arrimare, y en todo lo demas ſe eſtè à
la mayor parte. Y que eſte Govierno dure
mientras mi suceſſor, (ſi eſtubiere en la
mayor edad) pueda proveer de govierno,
ſavido mi fallecimiento.

fidera trés-bien avant fon déceds ; j'ordonne qu'incontinent aprés le mien, il fe forme une *Iunte* , dans laquelle entrent le Préfident du Confeil de Caftille, le Vicechancelier ou Préfident du Confeil d'Aragon, l'Archevêque de Tolede , l'Inquifiteur Général, un Grand, & un Confeiller d'Etat, fçavoir, ceux que je nommerai dans ce Tftament, ou dans un Codicille que je ferai , ou dans un Ecrit figné de ma main. Et je prie la Reine ma trés-chere époufe , que durant le tems qu'elle reftera en cette Cour, elle veüille affifter & préfider à cette *Iunte* , pour autorifer par fa préfence Royale les réfolutions qui s'y prendront ; ma volonté étant, que ladite *Iunte* fe tienne dans le lieu que Sa Majefté marquera ; & que l'avis dont elle fera , quand les voix feront égales , l'emporte fur l'avis contraire ; & que du refte on s'en tienne à la pluralité des voix. Et cette Régence durera jufques à ce que mon Succeffeur , s'il eft en majorité , puiffe prendre lui-même le foin du Gouvernement.

XVI.

XVI. Y en caſo que mi ſuceſſor ſea de menor edad, tocandome, como me toca, por padre univerſal de todos mis Vaſſallos, dar la mejor governacion que ſea poſsible à mis Reynos, y la mas conforme à ſus leyes, fueros, conſtituciones, y coſtumbres, nombrando Governadores naturales de ellos, para que ſegun mi alta y real diſpoſicion, y en nombre de mi ſuceſſor, goviernen dichos mis Reynos en toda paz y juſticia, provehan à ſu defenſa de modo que mis ſubditos ſe conſerven en aquella quietud, imunidades, que por las leyes, fueros, conſtituciones, y coſtumbres de cada uno, deven gozar, y en la lealtad à ſu Rey y Señor natural, en que tanto ſe han eſmerado; nombro por tutores de dicho mi ſuceſſor, durante ſu menor edad haſta los catorze años, a los miſmos que dejo nombrados en la dicha Iunta, para que govierne en caſo que mi ſuceſſor ſe hallare fuera de eſtos Reyños al tiempo de mi fallecimiento, haſta que venga à ellos: a los quales nombro por tales tutores y curadores durante la menor edad de mi ſuceſſor, uſando para ello de toda la poteſtad y arvitrio; para

que

X V I. Et au cas que mon Succeſſeur ſoit mineur, comme c'eſt à moi, en qualité de Pere univerſel de tous mes ſujets, à donner à mes Royaumes la meilleure forme de Gouvernement qu'il eſt poſſible, & la plus conforme à leurs Loix, Statuts, Conſtitutions, & Coûtumes, en nommant des Gouverneurs natifs de chacun de ces Royaumes, pour les gouverner, au nom de mon Succeſſeur, en paix & en juſtice, & pour leur conſerver les immunitez & Priviléges dont ils doivent joüir ſelon leurs Loix & Coûtumes particuliéres, afin qu'ils perſevérent dans la fidélité & dans l'obéïſſance, par laquelle ils ſe ſont toûjours ſignalez envers leurs Rois ; je nomme pour être Tuteurs de mondit Succeſſeur durant ſa minorité, juſques à ce qu'il ait quatorze ans, les mêmes que j'apelle à la *Iunte*, pour gouverner juſqu'à ſon arrivée au cas qu'il ſoit abſent au tems de mon déceds ; auſquels Tuteurs & Curateurs je donne le même pouvoir dont je pourrois uſer moi-même, étant vivant ; ou dont il pourroit uſer étant

que en su nombre goviernen dichos Reynos en la misma forma que yo viviendo lo pudiera hazer, ō o mi sucessor,
llegando à la mayor edad; guardando la
forma que adelante se dira en el modo
de la governacion. Y a todos los dichos
tutores los relevo de la obligacion de dar
fianza, y quiero, que con solo este nombramiento y juramento que han de ha-
zar y prestar, puedan governar y goviernen, sin otra aprovacion, confirma-
cion, ni diligencia; para cuyo nombramiento uso de toda mi real potestad, lo
mas ampliamente que puedo, dispen-
sando, como dispenso, en caso que sea
necessario, de qualesquiera leyes, prag-
maticas, fueros, y costumbres, como
en caso extraordinario y necessario al
mayor bien de mi Dominios y Vassallos,
y que esto sea por esta vez, atendiendo à todas circunstancias que ocurren y
obligan à dar esta providencia, evitando
los daños que de otras pudierā sobrevenir.

XVII. El Vicechanciller a qui en
dejo nombrado por tutor en la Junta, lo
ha de ser, y yo le nombro por tutor especial y particolar por lo tocante al Reyno
de Aragon en aquellos casos y negocios

majeur, à la charge de garder la forme que je dirai ci-aprés. Et je dé-
charge lesdits Tuteurs de l'obligation
de donner caution,& veux qu'en vertu de cette seule nomination , & du
serment qu'ils prêteront , ils puissent
gouverner , & qu'en éfet ils gouver-
nent , sans avoir besoin d'autre apro-
bation ni confirmation ; usant, pour
cette nomination , de toute ma puissance Royale, le plus amplement que
je puis , & les dispensant , comme je
fais, s'il en est besoin, de toutes Loix ,
Pragmatiques, & Coûtumes, comme
dans un cas extraordinaire , & dont
dépend entiérement le repos de mes
Etats & de mes Vassaux , attendu
que toutes les circonstances qui s'y
rencontrent , m'obligent à prendre
cette résolution , pour éviter les
maux qui pourroient arriver, si je fai-
sois autrement.

XVII. Le Vicechancelier , que
j'ai nommé pour Tuteur dans la *Iun-*
le doit être en éfet , & je le nomme
pour Tuteur spécial & particulier
pour ce qui concerne le Roïaume d'A.

que fuere neceſſario , y en conformidad
de ſus fueros y previlegios , para que
adminiſtre la tutela de mi ſuceſſor en
aquel Reyno. Y ſi el que preſidiere en el
Conſejo de Aragon no pudiere ſerlo conforme à ellos , deſeando (como deſeo)
ajuſtar mi diſpocion à ſolo lo quo puedo
como Señor natural de aquel Reyno ,
ſin derogar ni alterar lo que no pudiere
diſpenſar , y diſpenſando en todo lo que
puedo , y cave en mi ſuprema poteſtad;
nombro por Tutor de mi ſuceſſor al Regente mas antiguo Togado de los dos naturales de aquel Reyno , que al tiempo
que yo muera , o deſpues , ſirviere en el
Conſejo de Aragon, para que como tal
tutor tenga la adminiſtracion y autoridad
que yo le puedo dar , doy en aquellas
coſas y caſos que conforme à los fueros y previlegios fueren neceſſarios ; te-
niendo entendido , que en las materias
y negocios de Eſtado , guerra , govierno , gracia , y proviſion de Oficios , no
ſe ha de hazer novedad , y han de correr por los Conſejos de Eſtado , guerra , y
Aragon , como haſta aqui ſe hahecho y
haze ; y las Conſultas que por los di-
hos Conſejos ſe hizieren , ſe llevaran à

ragon dans les affaires qui font de fon reffort, & en conformité des Priviléges & Franchifes de cette Couronne; afin qu'il adminiftre la Tutele de mon Succeffeur dans les Etats qui en dépendent. Et fi celui, qui préfidera au Confeil d'Aragon, ne peut, felon les Loix du Païs, exercer cette Tutele, defirant, comme je fais, m'accommoder à ce que je puis feulement, en qualité de Seigneur naturel de ce Royaume, fans déroger ni contrevenir à fes Priviléges, & me contentant de ce qui apartient de droit à ma fouveraine Puiffance; je nomme pour Tuteur de mon Succeffeur le Régent le plus ancien des deux de Robe longue *, naturels du Païs, lequel au tems de ma mort, ou aprés, fervira dans le Confeil d'Aragon, afin que comme Tuteur, il ait l'admini-

* Car il y a dans le Confeil d'Aragon des Confeillers qu'ils appellent de cape & d'épée, qui n'opinent point dans les matieres de Juftice : & chaque Royaume de la Couronne d'Aragon a dans ce Confeil deux Regens, qui pour cette raifon font apellez Régens Provinciaux.

la Iunta de los Tutores, para que en ella se tome resolucion en la forma que ordeno en los demas negocios. Y en caso de morir, o faltar al exercicio el Regente mas antiguo del dicho Reyno, nombro por tal Tutor al que se le siguiere y assi sucessivamente iran subintrando en la tutela del dicho Reyno de Aragon, hasta que mi sucessor govierne : y relevo al dicho Tutor de la obligacion de dar fianças, y de todo lo demas que yo puedo dispensar, y fuere dispensable, en virtud de mi soberania y plenitud de potestad, para que con este nombramiento y juramento pueda el Regente, a quien tocare, administrar la dicha tutela por la forma que dejo.

ſtration & l'autorité que je puis lui
donner, & que je lui donne pour agir
dans les occurrences conformément
aux Priviléges & Franchiſes du Païs,
c'eſt à dire, enſorte qu'il ne s'innove
rien dans les affaires d'Etat, de Guerre, de Gouvernement, de Grace, &
de Proviſion d'Offices, leſquelles
doivent paſſer par les Conſeils d'E-
tat, de Guerre, & d'Aragon, comme
il s'eſt pratiqué juſques ici, & ſe pra-
tique encore. Et quand aux *Conſultes*,
qui ſe feront par leſdits Conſeils,
elles ſeront portées à la *Iunte* des Tuteurs, afin que la réſolution s'y pren-
ne en la forme que j'ordonne pour les
autres affaires. Et ſi ledit plus ancien
Régent vient à mourir, ou n'eſt pas
en état d'exercer la Tutele, j'y nommé celui d'aprés, & ſucceſſivement les
autres, juſques à ce que mon Succeſſeur gouverne lui-même; & je diſ-
penſe ledit Tuteur de l'obligation de
donner caution, & de tout ce dont il
aura beſoin d'être diſpenſé, en vertu
de ma Souveraineté & plenitude de
Puiſſance, afin que par cette nomination, & par la preſtation du ſerment

XVIII. *El dicho Regente que fuere tutor, ha de residir en esta Corte, y servir su plaza en el Consejo, y assistir en la Iunta de los demas tutores, por lo que conviene se halle con las noticias universales; y en la misma Iunta darà las particolares por lo que tocare al Reyno de Aragon, para que oyendo a los demas tutores, y conformandose con la mayor parte, se encaminen y dispongan los negocios de aquel Reyno, como mas convenga al servicio de Dios y de mi sucessor, mejor administracion de la Justicia, bien, paz, y sossiego de aquel Reyno.*

XIX. *A todos los Ministros y personas, que dejo o dejare nombrados, doy el poder, autoridad, y facultad, que como padre, Rey y Señor de mis Vassallos les puedo dar; y el mismo que les dan las leyes, fueros, constituciones, y costambres de mis sin diminucion alguna, y toda la que fuere necessario, para que en el tiempo de la menor edad*

requis , le Régent , à qui il apartiendra ; puisse administrer cette Tutele
en la forme que je prescris ici.

XVIII. Ledit Régent , qui sera
Tuteur , résidera en cette Cour ,
pour y tenir sa place dans le Conseil , & pour assister à la *Iunte* des
autres Tuteurs , afin que joignant
les connoissances particulieres qu'il
a du Royaume d'Aragon avec les
notions universelles des autres Tuteurs , & se conformant à la pluralité des voix , les affaires de ce
Royaume s'acheminent & se con-
duisent selon qu'il est plus convenable au service de Dieu & de mon
Successeur , à l'administration de la
Justice , & au bien & repos dudit
Royaume.

XIX. Je donne à tous les Ministres que j'ai nommez , ou que je
nommerai , le pouvoir , l'autorité ,
& la faculté , que je leur puis donner
comme Pere , Roi , & Seigneur de
mes vassaux , & que leur donnent les
Loix , Constitutions & Coûtumes de
mes Royaumes , sans nulle diminu-
tion ; & encore toute celle qui leur

C v

de mi ſuceſſor , puedan governar en paz
y en guerra , hazer leyes , proveer los
oῷcios y cargos menores y mayores , aſſi
en lo politico como en lo militar ; preſen-
tar las Prelacias , Obiſpados , Abbadias,
y demas dignidades ecleſiaſticas , en la
forma que yo lo hago , y puedo hazer ;
exerciendo el oficio de tutores , y diſponiendo en nombre de mi ſuceſſor todas
las coſas , como el las pudiera diſponer ,
ſiendo mayor. Y para el dicho efecto los
dicierno y he por dicernida la dicha tutela , con que antes de exercer ayan
de hazer todos , y cada uno de ellos ,
el juramento de fidelidad à mi ſuceſſor ,
y guardar ſu vida , procurar ſu prove-
cho , y el bien de mis Reynos y vaſſallos , y apatar de mi ſuceſſor todo mal
y daño , y hazer todo lo que tales tutores eſtan obligados a hazer : y que en
todos los negocios daran ſuparecer con
atencion al mayor ſervicios de Dios , y
exaltacion de ſu ſanta Fè , execucion de
la Juſticia , y adminiſtracion de ella , y
de obedecer a mi ſuceſſor ; y que guar-
daran ſecreto de todo lo ſe tratare en
la Iunta. Y eſte Juramento ha de hazer el Preſidente o Governardor del Con-

sera neceſſaire , pour pouvoir , durant la minorité de mon Succeſſeur,
gouverner & en paix & en guerre,
faire des Loix , pourvoir aux Charges ſoit politiques ou militaires , &
preſenter aux Prélatures , aux Evê-
chez, aux Abbaïes , & aux autres dignitez Eccleſiaſtiques , en la maniere
que je le fais & que je le puis faire ;
exerçant l'Office de Tuteurs , & ré-
glant toutes choſes au nom de mon
Succeſſeur , comme il pourroit les
régler étant majeur. Et pour cet éfet
je leur ai commis & leur commets
cettë Tutele , à condition qu'avant
que de l'exercer , ils aïent tous , &
chacun d'eux , à prêter le ſerment de
fidelité à mon Succeſſeur , avec promeſſe de défendre ſa vie , de procurer
ſon bien , d'empêcher ſon dommage,
& de faire pour lui tout ce que des
Tuteurs ſont obligez de faire : que
dans leurs avis ils auront toûjours en
vûë le ſervice de Dieu , l'exaltation
de la ſainte Foy , l'adminiſtration &
l'éxecution de la Juſtice , & qu'ils
garderont inviolablement le ſecret
de tout ce qui ſe traitera dans la

C vj

sejo en manos de los demas de la Iunta,
despues que cada uno de ellos lo aya hecho en manos del mismo Presidente o
Governador.

XX. Los dichos Tutores que nombro,
y deiare nombrados, han de administrar
iuntos, y no los unos sin los otros. Y para
esto se han de iuntar en una pieza de Palacio todo los dias y horas que sea necessario, à veer y conferir las Consultas, y negocios, assi de Oficio, como de Partes,
prefiriendo aquellos à estos, haziendo
relacion de ellos el Secretario, que me
assistiere en el Despacho Universal, a
quien nombro para que continue en la
misma ocupacion. Y siempre que la Reyna, mi muy cara y amada muger, se
mantuviere, en estos Reynos, que como
va dicho, ha de intervenir en dicha
Iunta, se hara on la pieza de Palacio, que Su Magd. senalare, y se votara cada negocio, y se executara lo que
resolviere la mayor parte. Y a los enfer-
mos, y aussentes, se les ha de pedir su
parecer en los casos arduos, si pareciere
à la mayor parte.

Iunte. Et ce ferment se fera reciproquement par la *Iunte* entre les mains du Président du Conseil ; & par le même Président entre les mains de la *Iunte.*

XX. Lesdits Tuteurs que je nomme, & que je nommerai, ne pourront rien faire les uns sans les autres. C'est pourquoi ils s'assembleront dans une Chambre du Palais toutes les fois qu'il sera necessaires de voir & d'examiner les *Consultes* ; tant celles qui seront de leur Office, que celles des Parties ; qui pourtant ne seront jamais expediées qu'aprés les autres. Le raport desdites affaires sera fait par le Secretaire, qui me servira dans le *Despacho Universal*, lequel je nomme afin qu'il continüe d'en faire les fonctions. Et tant que la Reine ma trés-chere Epouse, qui doit intervenir dans cette *Iunte*, restera en Espagne, le Conseil se tiendra dans tel lieu du Palais que Sa Majesté marquera ; & ce qui sera résolu à la pluralité des voix, s'executera ponctuellement. Quant à ceux qui seront malades, ou absens, on leur

XXI. Todas las Confultas que hizieren los Confejos, fe entregaran en la Secretaria del Defpacho Univerfal al Secretario que lo fuere de el, las quales fe obriran en la Iunta, dandofe fu parecer en ellas en la forma dicha, apuntara el Secretario del Defpacho la refolucion que por la mayor parte quedare refuelta; y al dia feguiente las traxera pueftas, fi no es que neceffita la brevedad de que baxe luego: y efta refolucion fe rubricara, affiftiendo la Reyna mi muy cara y amada muger, como dicho es; por Su Mageftad, en el lugar que yo lo hago, y mas abajo por dos de la Iunta. Y en cafo de no affiftir Su Mageftad, fe rubricara por todos los que affiftieren en la Iunta fegun las precedencias en que fe hallaren, contando que a lo menos fean quatro los que rubriquen. Y por lo que toca al Confejo de Aragon, lleven fiempre la rubrica del Vicechanciller, o Regente mas antiguo que affiftiere en la Iunta; y en la remiffion de los negocios,

demandera leur avis, lors que les cas
feront difficiles à décider , fi les autres , ou la plûpart le trouvent à
propos.

XXI. Toutes les *Confultes* **que fe**-
ront les Confeils , fe porteront au
Bureau *del Defpacho Univerfal* à celui
qui en fera le Secretaire ; & aprés
que ceux de la *Iunte* auront opiné, ce
Secretaire marquera la réfolution qui
aura été prife à la pluralité des voix ;
& le jour fuivant il les aportera mi-
fes au net , fi ce n'eft que le tems
preffe , & que la chofe requiere une
prompte expédition ; & cette réfolution fera paraffée par la Reine , (Sa
Majefté y affiftant comme il a été
dit ; au lieu où je figne moi-même,&
plus bas , par deux de la *Iunte*. Et au
cas que S. M. ne s'y trouve point ,
tous ceux de la *Iunte* paraferont felon
leur rang , & faudra qu'ils foient au
moins quatre. Et quant au Confeil
d'Aragon , lefdites réfolutions feront
toûjours paraffées par le Vicechancelier , où par le plus ancien Régent
qui affiftera à la *Iunte* ; & le renvoi
des affaires au Confeil & aux Mini-

aſſi de Oficio como de Partes, à los Conſejos y Miniſtros, ſe executara por decretos rubricados en la miſma conformidad que la reſoluciones de las Conſultas; ó por papeles firmados del Secretario del Deſpacho: uno y otro ſegun lo reſolviere la Iunta.

XXII. Y en los Deſpachos, que yo firmo aſſi de mi real mano, como de eſtampa, ſe firmaran por la Reyna, mi muy cara y amada muger, en el lugar que yo firmo, y por todos los demas de la Iunta, en inferior lugar. Y ſi eſtuvieren impedides algunos, firmaran por lo menos quatro de ellos, con tal, que por los que tocan à Aragon, lleven ſiempre la firma del Vicechanciller, o Regente mas antiguo del Conſejo de Aragon, que aſſiſtiere en la Iunta: y los Secretarios de Eſtado los refrendaran en el, lugar que lo executan; y los demas pondran: Por mandado de Su Mageſtad. Pues todos los Deſpachos deven empezar con el nombre de mi ſucceſſor reynante, o de ſu real dignidad: y todos ellos quiero con toda la poteſtad real, que para el bien de mis ſubditos devo y puedo uſar, ſean obedezidos como cartas y cedulas del Rey.

ſtres ſe fera par des Décrets paraffez de la même maniére que les réſolu- tions des *Conſultes*, ou par des Lettres ſignées du Secretaire *del Deſpacho*; l'un & l'autre ſelon que la *Iunte* l'or- donnera.)

XXII. Et les Dépêches que je ſi- gne de ma main, ou par empreinte, feront ſignée de la Reine ma chere Epouſe, au même lieu où je ſigne, & plus bas, par tous ceux de la *Iunte*. Et ſi quelques-uns ſe trouvent empê- chez, quatre au moins les ſigneront; mais pour celles qui regardent l'Ara- gon, il y faudra toûjours la ſignature du Vicechancelier, ou du plus ancien Régent du Conſeil d'Aragon, qui aſſiſtera à la *Iunte* : & les Secretaires d'Etat les contreſigneront au lieu où ils ont accoûtumé de ſigner; & les autres mettront : *Par commandement de Sa Majeſté.* Car toutes les Dépê- ches doivent commencer par le nom de mon Succeſſeur regnant : & je veux en vertu de toute la puiſſançe Royale, dont je dois & je puis me ſervir pour le bien de mes ſujets, que l'on obéïſſe à ces Ordres, comme aux

y Señor natural de estos Reynos ; y los
que no las obedecieren , sean castigados
para ello con las penas que corresponden
a quien no obedece las cartas . cedulas , y
Despachos de su Rey y Señor natural.

XXIII. Y por que la Iunta no solo
ha de despachar lo que viene representado
por los Consejos , sino proveer a todo
aquello que tuviere por mas conveniente
à mi sucessor , y al bien universal de mis
Reynos y Vassallos ; si alguno de la Iunta
diere alguna noticia o hiziere alguna
proposicion en orden à esto , se votara
tambien en la Iunta , y resolvera lo que
por mayor parte de votos se accordare.

XXIV. En caso de haver igualdad
de votos , por no assistir la Reyna mi
muy cara e amada muger , o por otro
aocidente ; se ha de llamar al Presidente
del Consejo a quien perteneciere la materia que se tratare ; o al Decano del mismo
Consejo , en caso de no tener Presidente,
o que concuira en la Iunta el que lo fuere. Y si el Decano fuere de la Iunta,

propres Lettres & Cedules du Roi &
Seigneur naturel de ces Royaumes ;
& que ceux qui n'y obéiront pas,
soient punis pour cela des peines or-
données contre ceux qui refusent
d'obéir aux Lettres , Cedules , &
Commandemens de leur Roi & Seigneur naturel.

XXIII. Et comme la *Iunte* doit
non seulement expédier ce qui est
proposé & representé par les Conseils , mais aussi pourvoir à tout ce
qu'elle jugera convenable à mon
Successeur , & au bien universel de
mes Royaumes & de mes vassaux ; si
quelqu'un de la *Iunte* propose quelque chose par raport à cela , il en sera déliberé dans la *Iunte*, & la résolution sera prise à la pluralité des voix:

XXIV. Au cas que les voix soient
miparties , soit à cause que la Reine
ne s'y sera pas trouvée ; ou par quelque autre accident ; on appellera le
Président du Conseil à qui appartien-
dra la matiére qui se traitera ; ou le
Doyen du même Conseil , s'il n'y a
point de Président , ou que celui qui
le sera soit de la *Iunte*. Que si le

se ha de llamar al siguiente en gra-
do.

XXV. La hora mas conveniente
para la Iunta sera todas las maña-
nas à la que se sale de los Consejos ; y los
dias de fiesta, se continuara empeçando
una hora antes: y sino pareciere bastan-
te para el despacho este tiempo, se se-
ñalara alguna tarde menos ocupada entre semana. Y ofreciendose à qualquiera hora algun negocio grave, de que se
dara cuenta immediatamente al Secretario del Despacho, o por los Ministros
de la Iunta, o los Presidentes de los
Consejos ; subira el secretario à dar
cuenta à la Reyna, mi muy, &c. que
communicando lo al Presidente del Consejo, resolvera si se necessita de convo-
car luego la Iunta, para dar providencia en la tal materia. Y en caso de
ausencia de Su Magd. lo communicara
lo Secretario del Despacho, al Presidente del Consejo, y al Vicechanciller, o
Presidente de Aragon : y resolviendo
estos se convoque la Iunta, se executara ; y en lo que pidiere prompta providencia dentro de la Corte, lo executara el Presidente o Governador del

Doyen en eſt auſſi , il faudra apeller le Conſeiller d'après lui.

XXV. L'heure la plus convenable pour la *Iunte* ſera tous les matins celle à laquelle on ſort des Conſeils ; & les jours de Fête , elle ſe tiendra une heure plûtôt ; & ſi ce tems ne paroît pas ſuffiſant pour l'expédition , l'on prendra dans la ſemaine quelque aprêdinée , où il y aura moins d'affaires. Et à quelque heure que ce ſoit qu'il ſe preſente quelque afaire d'importance , dont on donnera avis immédiatement au Secretaire *del Deſpacho* , ou par les Miniſtres de la *Iunte,* ou par les Préſidens des Conſeils ; le Secretaire ira en avertir la Reine, qui communiquant la choſe au Préſident du Conſeil , verra , s'il eſt beſoin de convoquer incontinent la *Iunte* , pour en déliberer. Et en cas que Sa Majeſté ſoit abſente , ledit Secretaire en communiquera avec le Préſident du Conſeil,& avec le Vicechancelier ou Préſident d'Aragon ; & s'ils ſont d'avis de convoquer la *Iunte* , elle s'aſſemblera ; & ce qui demandera une prompte proviſion,s'executera par le

Confejo , dando cuenta defpues à la Iunta , fi fuere cafo que lo pida por fu gravedad.

XXVI. Encargo à los de la dicha Iunta , conferven la mayor union , por lo que efto importa al buen govierno , y bien de eftos Reyno : y aunque efpero de la Reyna mi muy , &c. que por fu parte los encaminara à efte buen fin , dandoles exemplo , por cumplimento de mi obligacion , ruego y encargo a Su Mageftad que afsi lo execute.

XXVII. La mayor importancia para el bien de eftos Reynos , es la prefencia de mi fuceffor en ellos : y afsi en cafo de hallarfe en mayor edad , le ruego y encargo venga à ellos con la mayor brevedad poffible ; y en cafo de eftar en la menor edad mando y encargo à la Iunta lo follicite , como cofa de tan grande confideracion y conveniencia , atendiendo à la feguridad y brevedad de que llegue a eftos Reynos.

XXVIII. En cafo que mi fuceffor eftè en la mayor edad , luego que llegue

Préſident du Conſeil , qui enſuite en rendra compte à la *Iunte* , ſi e'eſt un cas qui le requiere pour ſon importance.

XXVI. Je recommande à ceux de la *Iunte* de s'accorder bien enſemble, & pour le bon gouvernement , & pour le bien de ces Royaumes ; & quoi que je me promette de la Reine , que de ſa part elle acheminera tout à cette bonne fin, & que par ſon exemple elle portera les autres à faire leur devoir ; néanmoins pour l'accompliſſement de mes obligations, je prie Sa Majeſté de l'exécuter ainſi.

XXVII. Ce qui importe davantage au bien de ces Royaumes , c'eſt la préſence de mon Succeſſeur ; & pour cet effet, s'il eſt majeur, je le prie & le conjure d'y venir le plûtôt qu'il ſera poſſible ; & s'il eſt mineur, j'ordonne à la *Iunte* de l'en ſolliciter & preſſer , comme étant une choſe de ſi grande conſequence , & de procurer qu'il y arrive en toute ſeureté & diligence.

XXVIII. Si mon Succeſſeur eſt majeur , la *Junte* auſſi-tôt qu'il arrivera

à eſta Corte, ſe le dara por la Iunta cuenta del eſtado de todos los negocios, y de lo que por ſu gravedad mereciere eſtar noticioſo de haverſe executado en ſu auſencia.

XXIX. Y en caſo que mi ſuceſſor ſea de menor edad, quiero, y es mi volontad, que ſegun la edad de mi ſuceſſor ſe le dè cuenta de los negocios que ſe trataren en la Iunta, aſſi por que ſe reconozca reſide en ſu perſona la ſuprema poteſtad; como para que ſe vaya inſtruyendo, dejando para mejor eſtimacion de la Iunta la forma que en eſto ſe deva guardar. Y por los miſmos fines, llegando à la baſtante edad ſegun la eſtimacion de la Iunta, para oir la Conſulta ordinaria del Conſejo de Caſtilla, ſe la harà el Conſejo en la miſma forma que à mi, por ſer acto de la ſuprema Regalia, que deven reconocer mis Vaſſallos reſide en ſu real perſona; aunque por ſu menor edad la adminiſtren los Tutores y Curadores, que dejo nombrados: y mientras no pudiere executar ſe eſto, ſe obſervarà por el Conſejo de Caſtilla en la Conſulta ordinaria lo que ſe executa,

quando

vera en cette Cour, lui rendre compte de l'état de toutes les affaires , & tout ce qui aura été fait en son absence , qui méritera qu'il en soit informé.

XXIX. Si mon Successeur est mineur , j'entens , & c'est ma volonté , que selon son âge, on lui rende compte des affaires , qui se traiteront dans la *Iunte* , tant afin que l'on connoisse, que la suprême puissance réside en sa personne ; que pour qu'il ait moyen de s'instruire lui-même ; laissant la disposition du reste à la *Iunte*. Et pour la même fin , lorsqu'il sera d'âge assez meur , au jugement de la *Iunte* , pour entendre la *Consulte* ordinaire du Conseil de Castille , ce Conseil la lui fera en même forme qu'à moi , attendu que c'est un Acte de la suprême Régale , que mes Vassaux doivēt reconnoître en sa persóne Royale, quoi qu'elle soit administrée par les Tuteurs & les Curateurs que je nomme ; & jusqu'à ce que cela se puisse exécuter, le Conseil de Castille observera dans la *Consulte* ordinaire ce qui s'observe , quand je suis ab-

quando yo eſtoy auſente, ò por algun impedimento no la oygo.

XXX. Declaro, que en la Iunta que dejo nombrada, aſſi tanto por la auſencia de mi ſuceſſor, eſtando en la mayor edad; como para ſu tutoria y govierno de eſtos Reynos, mientras no ha llegado à ella; deven ſuceder en los quatro pueſtos de Preſidente ò Governador del Conſejo, Vicechanciller ò Preſidente de Aragon, Arçobiſpo de Toledo, y Inquiſidor General, para entrar en dicha Iunta, en caſo de faltar alguno de ellos por muerte, ò otra juſta cauſa, los que entraren en ſus miſmos oficios; y que ſucediendo eſto deſpues de mi fallecimiento, ſe deven proveer dichos oficios en el tiempo de la menor edad de mi ſuceſſor por los miſmos de la Iunta, y por la mayor parte de los votos. Y en quanto al Grande, y Conſejero de Eſtado, ſi yo no dejare papel eſcrito de mi mano, declarando los que deven ſuceder en falta de los primeros nombrados por mi (que ſi eſto yo dejare hecho, quiero que ſe obſerve inviolablemente tambien) ſe elegiran por la Iunta, en caſo de vacante, en la miſma conformidad que va-

sent;ou que , pour quelque empêchement , je ne la puis oüir.

XXX. Je déclare , que dans la
Iunte que j'ai nommée , tant pour
l'abfence de mon Succeſſeur , s'il eſt
en majorité , que pour ſa Tutele ,
& pour le gouvernement de ces Royaumes, s'il eſt encore mineur , doivent ſucceder dans les quatre places,
qu'y occupent le Préſident ou Gouverneur du Conſeil , le Vicechancelier ou Préſident d'Aragon , l'Archevêque de Tolede , & l'Inquiſiteur Général , en cas que quelqu'un
d'eux vienne à mourir , ou ait quelque autre juſte empêchement ; ceux
qui entreront dans ces quatre dignitez , & que cela arrivant aprés mon
deceds , ce ſera à ceux de la *Iunte* à
pourvoir , durant la minorité de mon
Succeſſeur , auſdites dignitez , à la
pluralité des voix. Et quant au
Grand , & au Conſeiller d'Etat , ſi
je ne laiſſe pas un papier écrit de ma
main , où je déclare ceux qui doivent ſucceder au défaut des premiers
que j'ai nommez , (auquel écrit , ſi
je le fait ; je veux qu'on obéïſſe pon-

dicho ; atendiendo mucho , en el nombramiento del Grande , à la grande reprefentacion de la Nobleça de mis Reynos , por cuya eftimacion y aprecio , que fiempre han hecho de ella mis predeceffores , y yo he querido y difpuefto , que efte tan eftimable gremio tenga parte tan principal en el govierno de todos mis Reynos. Y por lo que mira al Confejero de Eftado , fe atenderà à que fea perfona de toda intelligencia , y practica en los negocios de Eftado , como conviene a quien en efta Iunta reprefenta aquel Confejo , de quien mis predeceffores y yo hemos hecho tanta eftimacion.

XXXI. En los lugares que deven ocupar en la Iunta , figuiendo las ordenes que ay para efto , y lo que fe obfervò en mi menor edad ; declaro deven fentarfe en la forma que los nombro ; y defpues el Grande , y Confejero de Eftado, conforme el que primero llegare entre los dos. Y en cafo de fer Cardinal de la

êtuellement) ils feront élûs par la *Iun-te*, en cas de vacance, conformément à ce qui eft dit ici ; à la charge que dans la nomination du Grand, on ait particuliérement égard à la grande reprefentation de la Noblefle de mes Royaumes , laquelle à l'imitation de mes Prédécefleurs , qui en ont toûjours fait une eftime finguliére , j'ai pris foin de diftinguer par la part que j'ai voulu qu'elle eût au gouvernement de tout mes Etats. Et pour ce qui regarde le Confeiller d'Etat , on prendra garde que ce foit une perfonne de haute intelligence , & bien verfée dans les affaires d'Etat , comme il convient à celui, qui dans cette *Iunte* reprefente un Confeil , dont mes Prédécefleurs & moi avons fait tant deftime.

XXXI. Quant aux places de ceux de la *Iunte* , me conformant aux Réglemens faits là-deflus , & à ce qui s'eft obfervé durant ma minorité , je déclare qu'ils doivent s'afleoir dans l'ordre que je les nomme ; puis le Grand, ou le Confeiller d'Etat, felon que l'un ou l'autre arrivera le pre-

Santa Yglesia, precedera, en el assiento solo, el Presidente del Consejo, y Vicechanciller de Aragon. Y hallando se presente la Reyna, mi muy cara y amada muger, se la pondra silla; y en el votar, se observarà la forma de Iunta, y no de Consejo de Estado.

XXXII. Los Tribunales, que yo dejo en mis Reynos, se conservaran indefectiblemente en la misma forma que oy tiennen sus manejos: para lo qual les comunico de nuevo toda aquella autoridad que oy exercen, usando para ello de toda mi Regalia. Y los Ministros que concurrieren en ellos al tiempo de mi fallecimiento, y todos los Virreyes, y Governadores, si otros qualesquiera, que exercen jurisdicion, se mantendran en ella, hasta que por mi sucessor, o la Iunta que dejo nombrada, segun los motivos que tuviere, hagan novedad, segun la potestad que les dejo. Y para que exerçan dichos Oficios, les dey toda la que devo y puedo dar les; y mando à mis Reynos y subditos, les obedezcan en la misma conformidad que lo hazian hasta dicho caso.

mier. Et s'il y a un Cardinal, il préce-
dera, mais dans la séance seulement, le
Président du Conseil & le Vicechancelier d'Aragon. Et lors que la Reine,
ma trés-chere Epouse, s'y trouvera
presente, on lui mettra un siége ; &
pour opiner, on gardera la forme de
la *Iunte*, & non celle du Conseil d'Etat.

XXXII. Les Tribunaux, que je laisse
dans mes Royaumes, seront conservez
sans nul changement, dans la forme
qu'ils gardent aujourd'hui; & pour cét
éfet, je leur communique de nouveau
toute l'autorité qu'ils exercent presentement, usant pour cela de toute
ma puissance Royale. Ainsi les Ministres, qui y seront en fonction au tems
de mon deceds, tous les Vicerois, Gouverneurs, & autres Officiers ayans ju-
risdiction, seront maintenus dans leurs
droits, jusques à ce que mon Successeur, ou la *Iunte* que j'ai nommée, en
ordonnent autrement, selon les motifs qu'ils auront, ou le pouvoir que
je leur donne. Et afin qu'ils exercent
lesdits Offices, je leur attribuë tout
celui que je dois & puis leur donner,
& enjoins à mes Royaumes & à mes

D iiij

XXXIII. Por lo que conviene todo esto para el bien y defensa de mis Vassallos, y que vivan en paz y Justicia, à lo qual deven attender tanto, assi la Iunta, como aquien pertenecera especialmente la governacion de mis Reynos, como todos los Tribunales y Ministros; y assi se lo encargo de nuevo muy especialmente, y que cuiden mucho de que se observen todas les leyes, disposicitiones, y providencias, que yo dejare dadas para la mejor administracion y autoridad de la Justicia, y buen govierno de mis Vassallos. Y por que la forma y distribucion de Tribunales, que oy corre y se conserva, se ha hallado la mas util por mucho tiempo para el govierno de esta Monarquia, por los grandes y diversos Reynos, cuyo govierno se expide mas justa y facilmente con esta planta, usando bien de ella; encargo à mis successores la mantengan con los mismos Tribunales, y forma di govierno, y muy especialmente guarden las leyes y fueros de mis Reynos, en que todo su govierno se administre por naturales de ellos, sin dispensar en esto por ninguna causa; pues à demas del derecho que para esto tienen

ſujets de leur obéir comme ils faiſoient avant ledit cas.

XXXIII. Quant à ce qui regarde le bien & le repos de mes Vaſſaux, auquel la *Iunte*, & ceux à qui il apartiendra de gouverner mes Royaumes, doivent pourvoir, ainſi que les Tribunaux & Miniſtres ; je leur recommande trés-particuliérement de faire en ſorte que l'on obſerve toutes les Loix, Diſpoſitions, & Proviſions, que je ferai & laiſſerai pour la meilleure adminiſtration de la Juſtice , & pour le bon gouvernement de mes Vaſſaux. Et d'autant que la forme & diſtribution des Tribunaux , qui ſe conſerve & ſe garde aujourd'hui , s'eſt toûjours trouvée la plus utile pour le gouvernement de cette Monarchie, & même la plus facile pour l'expedition des affaires des divers Royaumes, qui la compoſent ; je recommande à mes Succeſſeurs de maintenir les mêmes Tribunaux, & de continuer la même forme de gouvernement ; & ſur tout de garder les Loix & Priviléges de ces Royaumes, en les faiſant gouverner par les Naturels de chaque

los mifmos Reynos , fe han hallado fum-
mos inconvenientes en lo contrario.

XXXIV. Mando que à la Reyno
Doño Mariana , mi muy cara y amada
muger , fe reftituya todo lo que huviere
recivido de dote , y fe le pague por mi
fuceffor , y Teftamentorios , todo lo demas à que yo eftuviere obligado ; y demas de efto , durante fu vida y viude-
dad , defde el dia en que yo falliciere ,
fe la dem quatro cientos mil ducados
cada año para fus alimentos.

XXXV. Y por la voluntad que he
tenido y tendo à la Reyna , mi muy cara
y muy a amada muger , la dejo todas
las joyas , bienes , y alhajas , que no
quedaren vinculadas . y otros qualefquiera derechos , que tenga , y puedan per-
teneceme ; y mando à todos mis vaffallos
refpeten , veneren , y firvan a la Reyna ,
mi muy cara y amada muger ; para que
en el amor y reverencia de todos halle
alguna parte del confuelo, que yo hol-
gara poder dejarla y a mi fuceffor en
eftos Reynos ruego muy afectuofa , y en-

Païs, sans rien innover en cela, pour aucune cause, attendu qu'outre le droit que-lesdits Royaumes ont pour cela, l'on a trouvé de grand inconvéniens à faire le contraire.

XXXIV. J'ordonne, que l'on rende à la Reine Marie-Anne, ma trés-chere Epouse, toute la dot qu'elle a aportée; & que mon Successeur & les exécuteurs de mon Testament lui payent tout ce à quoi je me trouverai obligé; & outre cela, pour ses alimens durant sa vie & son veuvage, quatre cens mille ducats par an, à commencer dés le jour que je mourrai.

XXXV. Et pour l'affection que je lui ai portée, & que je lui porte, je lui laisse les pierreries, joyaux biens, & meubles, qui ne seront point affectez à la Couronne, & tous les autres droits que j'ai & qui peuveut m'apartenir; & Ordonne à tous mes sujets & Vassaux, de la respecter, vénérer, & servir, afin qu'elle trouve dans leur amour, & dans leur soumission, une partie de la consolation que je voudrois pouvoir lui laisser; & je prie trés-affectueusement & trés-instamment mon Successeur, que si la Reine, pour sa propre

carecidamente encargo, que en caſo que la Reyna, mi muy cara y amada muger, por ſu voluntad, o mayor retiro ſuyo, guſtare de paſſarſe à alguno de los Reynos de Italia, y por bien del que eligiere, ſe dedicare à governale, lo diſponga mi ſuceſſor, dandole los Miniſtros, que para ello fueren mas condecorados, y de mayores experiencias: y ſi quiſiere vivir en alguna ciudad de eſtos Reynos, ſe la darà el govierno de ella, y de ſu tierra, con la juriſdicion: y eſto lo cumpla qualquiera de mis ſuceſſores.

XXXVI. Si al tiempo de mi fallecimiento ſe hallare mi ſuceſſor en la menor edad, mando que ſe conſerve mi Real Caſa en la forma que oy eſtà, para que ſirva à mi ſuceſſor en los miſmos Oficios que oy tienen, ò entonces tuvieren, por la grande repreſentacion, y ſervicios que concurren en los de ſu primera Gerarquia, por lo que ſe deve atender à lo que han ſervido, y razones que concurren en los demas que la componen. Y ſi mi ſuceſſor ſe hallare en mayor edad, le encargo, atienda à eſtas eſtimables y dignas razones, para elegirlos, y conſervarlos en los oficios, que oy tienen los de pri-

fatisfaction,ou pour vivre plus en repos,veut fe retirer dans quelqu'un de
mes Royaumes d'Italie,& fe charger
du foin de gouverner celui qu'elle
choifira pour fa demeure ; il y veüille
confentir,en lui donnant les Miniftres,
qui feront les plus qualifiez,& les plus
expérimentez:& fi elle veut vivre dans
quelqu'une des villes de ces Royaumes , on lui en donnera le gouvernement,& de tout fon territoire,avec la
jurifdiction : & je defire que cela foit
acompli par quiconque me fuccedera.

XXXVI. Si mon fucceffeur fe
trouve mineur au tems de mon decés, j'ordonne que ma Maifon Royale foit maintenüe telle qu'elle eft
aujourdhui, c'eft-à-dire, avec les mêmes Officiers qui font actuellement,
ou qui ferout alors, tant pour la grande reprefentation qu'y font les Officiers du premier rang,& pour la con-
fidération des longs fervices qu'ils ont
rendus;que pour les raifons qui con-
clüent en faveur de tous les autres ,
qui compofent ladite Maifon. Et fi
mon fucceffeur eft majeur , je le prie
d'avoir égard à ces juftes raifon,pour
conferver dans leurs charges lefdits

mera esfera , por el luſtre , que la miſma Caſa Real conſervara aſſi ; y ſe ſervira de los demas ſegun ſus Oficios , por la ſatisfacion que han dado en ellos.

XXXVII. Quiero , que à los criados aſſi de mi Real Caſa , como de la Reyna mi muy cara y amada muger , y de la ſereniſſima Reyna mi Señora , mi madre , (que eſtà en gloria ,) ſe mantengan los gozes , raciones , y demas emolumentos , que les eſtuvieren ſeñaladas con el empleo y exercicio de cada uno, por todos los dias de ſu vida , caſo que alguno ſe hallare impoſſibilitado de continuar ſirviendo en ſu empleo à mi ſuceſſor , quando llegue el caſo de poderlo hazer , por que deſde entonces ha de ſer de ſu obligacion y quenta ſatisfazerlos.

XXXVIII. Por quanto mi noble Guarda de Corps ſe formò con la preciſa ordenanza de ſervir à la real perſona del Rey actual , y no a otra ; mando que ſi yo faltare ſin dejar ſuce-

Officiers de la premiére sphere, à caufe du luftre que la Maifon Royale en
reçoit; & de fe fervir des autres felon
leurs emplois, en récópéfe de l'affidui-
té avec laquelle ils s'en font acquitez.

XXXVII. Je veux que l'on conferve à mes domeftiques, à ceux de la
Reine ma tres-chére époufe, & pareillement à ceux de la féréniffime
Reine ma mére (qui eft dans la groi-
re,) pour toute leur vie, les ga-
ges, diftributions, & autres émo-
lumens, qui leur auront été affignez,
à chacun felon fon emploi ; en forte
que, fi quelqu'un deux fe trouve
dans l'impuiffance de continuer fon
fervice à mó fucceffeur, il ne laiffe pas
de joüir des mêmes profits; parce qu'-
alors mondit Succeffeur fera chargé
de l'obligation de les contenter tous,
comme domeftiques à lui appartenãs.

XXXVIII. Et dautant que la noble Garde du corps * a été formée
précifément pour garder la perfonne
du Roy actuellement regnant, & non
aucun autre; j'ordonne que fi je meurs

* Cette Garde eft appellée *Guarda de los Archeros*, &
fut amenée de Flandre, par le Roy Philippe I. fils de
l'Empereur Maximilien I. & de Marie de Bourgogne ; &
mari de *Doña Juana* héritiére des Royaumes de Caftille
& d'Aragon.

fion, la dicha Guarda fe lebante y quite
fu cuerpo de guardia de Palacio ; pero
manteniendofe en el mifmo numero de
foldados, con fu Capitan ò Governador ;
y demas Oficiales que tuviere, hafta que
pueda continuar el fervir à mi fuceffor.
Y el govierno de ella, y provifion de fus
plazas, ha de correr en la mifma forma
que hafta aqui.

XXXIX. Las Guardas Efpañola
y Alemana continuaran fu affiftencia en
Palacio, como hafta aqui, para fu mayor
decoro, fervicio de la Reyna, mi muy
cara y amada muger, y llevar los
pliegos, que fe dirigieren por la Iunta,
y Secretaria del Defpacho, como lo han
obfervado viviendo yo.

XL. Por quanto el Rey mi Señor y
mi padre dejò vinculadas y anexas à la
Corona la Flor-de-lis de oro con muchas
reliquias, que fue del Señor Emperador
Carlos V. mi revifabuelo, y fus antepa-
fados, y el lignum Crucis, que unas
y otras eftan en el Relicario de la Capilla Real, y en la Guardajojas ; con-

fans laiffer de fucceffion, cette Garde
ait à fortir du Palais , mais pourtant
fans difcontinuer de fe maintenir dans
le même nombre de foldats, avec fon
Capitaine ou Gouverneur, & fes autres Officiers, jufques à ce qu'elle puiffe continuer fon fervice à mon fucceffeur. Quant à fon gouvernement & à
la provifió des Places vacátes, tout ira
felon ce qui s'eft pratiqué jufques ici.

XXXIX. Les Gardes Efpagnole
& Allemande * continueront de fervir , comme auparavant, dans le Palais, tant pour la décence, & pour la
fplendeur , que pour la garde de la
Reine , ma tres-chére & tres-aimée
femme; & pour porter les lettres, qui
feront à envoyer à la *Iunte*, & à la Se
cretairerie *del Defpacho* , ainfi qu'il
s'eft obfervé fous mon regne.

XL. Comme le Roi mon Pere a
affecté à la Couronne la Fleur-de-lis
d'Or, qui avoit apartenu à l'Empereur Charlequint, mon trifayeul, & à
fes Devanciers , le *lignum Crucis* , &
beaucoup d'autres Reliques, qui font

---

* Ces deux Gardes furent inftituées immédiatement
aprés la mort de la Reine Ifabelle , qui mourut en 1504.
l'Efpagnole par le Roy Ferdinand, fon mari ; & l'Allemande par le Roi Philippe leur gendre, qui étoit né Fla-
mand.

formandome con esta disposicion , mando
se observe y cumpla en la misma conformidad que Su Magestad lo mando.

XLI. Por quanto tambien el Rey
mi Señor e mi padre dejò vinculadas
otras alhajas , que assi mismo estan en
la Guardajoyas de este Palacio de Madrid , y varios adornos de pinturas y bu-
fetes, que ay en dicho Palaciò, mandando que a sus acreedores se les diese satisfacion por la Corona , hasta la concurren-
te cantidad , por juzgan de la decencia
de la misma Corona las dichas alhajas ;
conformandome con esta disposicion, mando se observe y cumpla en la misma conformidad que Su Magestad lo ordenò.

XLII. Por quanto, assi en el dicho
Palacio que tengo en esta Corte, como en
los demas Alcaçares reales , que estan
dentro , y fuera de ella , y en otras Ciudades , Villas , y lugares ; mando, que
todas las pinturas , tapicerias , espejos , y
demas menage, con que estan adornados,
que de todo vinculado (como desde luego
lo vinculo) con todas las fuerças y fir-

dans le Reliquaire de la Chapelle Royale , & dans le Cabinet des joyaux,me côformant à cette difpofitió, j'entés que cela foit obfervé & executé felon que Sa Majefté l'a ordonné.

XLI. Le Roi mon Pere aiant pareillement attaché à la Couronne d'autres chofes précieufes , qui font auffi dans ledit Cabinet du Palais de Madrid , ainfi que divers Tableaux , Tables , & autres ornemens qu'il y a dans ce Palais , lefquels il a jugé dignes d'apartenir à ladite Couronne ; voulant auffi que par la Couronne, il fût donné fatisfaction à fes Creäciers, jufques au montant de la valeur ; je me conforme à cette difpofition , & veux qu'on l'accompliffe felon les intentions de Sa Majefté.

XLII. Quant au Palais que j'ai en cette Cour,& à toutes les autres Maifons Royales,qui font dans Madrid , & dans les autres Villes & lieux de mes Royaumes ; je veux que toutes les Peintures,Tapifferies,Miroirs , & meubles, dont elles font ornées , demeurent affectez à mon fucceffeur,& à mes fucceffeurs en cette Couronne, aufquels je les legue & aproprie dés

mezas, que diſpone el derecho, y de que para ello uſo, para mi ſuceſſor, y ſuceſſores en eſta Corona; y deſde luego, y para ſiempre, los privo de que puedan dar ni enagenar en manera alguna los dichos Alcaçares y Caſas Reales, ni ninguna de las coſas, que quedaren en ellas. Para cuyo cumplimiento mando, que dichas alhajas ſe reconozcan por los Inventarios que huviere en las miſmas Caſas, y ſe formen de nuevo, añadiendo las que en ellos no eſtuvieren pueſtas; y en ſus Oficios de Veeduria y Contaduria, y en los de mi Real Caſa, ſe pongan copias autoriſadas de ellos, con inſercion de eſta clauſula, para que en todo tiempo conſte eſtan vinculados, y que no ſe han de dar, ni en manera alguna enagenar por mi ſuceſſor y ſucceſſores; ſi no es que en caſo de que para la defenſa de nueſtra ſagrada Religion, y de mis Reynos, neceſſiten valerſe de los medios, que las dichas coſas puedan producir para tan principales fines. Para cuyos caſos dejo en la calidad de libres todas aquellas alhajas, de que ſea neceſſario valerſe para los efectos referidos, y no otro alguno, por urgente y grave que ſea.

maintenant, avec toutes les formes , claufes, & validitez,que le Droit or- donne , & dont j'ufe à cet égard ; les privant dés aujourd'hui & pour toû- jours du pouvoir de donner ni alié- ner en aucune maniére lefdits Palais & Maifons Royales , ni pas une des chofes qui s'y trouveront.Pour l'exe- cution de quoi , j'ordonne que tous les meubles,qui font en nature, fe re- connoiffent fur le pié des inventaires qu'il y aura dans ces Maifons;& qu'- on ajoûte à ces inventaires les autres meubles, qui n'y auront pas été mis ; comme auffi que l'on en mette des copies collationnées, avec l'infertion de cette claufe , dans les Offices des Contrôlleurs & des Treforiers defdi- tes Maifons,& dãs ceux de la mienne en particulier , pour faire foi en tout tems, que ces meubles ne peuvent en nulle façon être donnez ni alienez par mon fucceffeur immédiat , ni par les autres ; fi ce n'eft que pour la défenfe de nôtre Sainte Religion , & de mes Royaumes, ils foient contraints de fe fervir de ces moyens par raport à des fins fi loüables & fi pieufes.En ces cas, je laiffe pour libres tous les meubles

Efto por quanto hè gaftado por mi parte algunas fummas confiderables en diferentes obras y adornos, y por que tambien mis Reynos y Vaffallos me han dado muchas, de ellas por hazerme efte fervicio, y complacerme. Y por quanto eftas alhajas, que hè añadido, puedan fer afectas à mis deudas; mando fe taffen, y pague fu precio à mis acreedores por la Iunta de Defcargos.

XLIII. El Rey mi Señor y mi padre me dejò à mi y à mis fuceffores en el Reyno, un fanto Crucifixo, que tiene muchas indulgencias, y eftà en mi Guardaropa; con el qual muriò el Señor Emperador, mi revifabuelo, y los demas Reyes hafta Su Mageftad, y yo efpero hazer lo mifmo; conformandome con efta difpoficion, le dejo a mi fucceffor

qu'il sera necessaire de vendre , pour cet usage seulement, & non pour aucun autre besoin, qnelque pressant qu'il soit. Et comme de ma part j'ai dépensé des sommes considerables en divers Bâtimens & embellissemens, desquelles, à la vérité, plusieurs m'ont été données par mes Royaumes, & par mes Vassaux, pour me cóplaire; & qu'ainsi les meubles que j'ai achetez peuvent être justement affectez à mes dettes; je veux, que, selon leur estimation, le prix en soit payé à mes Creanciers par la *Iunte* des Décharges.

XLIII. Le Roi mon Pere ma laissé à moi, & à mes successeurs à la Couronne, un Crucifix, * chargé de quantité d'Indulgēces, qui est dās ma Garderobe; & dōt l'Empereur Charles, mō trisayeul, & les Rois suivans jusques à módit Seigneur & Pere, se sont servis à leur mort, cóme je veux faire aussi à là mienne :

* **Dans la vie de Philippe I I.** il est parlé de ce Crucifix. *Con este Crucifixo,* (dit-il aux Officiers de sa Chambre , lorsqu'il se vit aux approches de la mort) *tengo de morir, que es con el que murió el Emperador mi Señor* Et parlant à son fils : *Con este Crucifixo ,* lui dit-il, *murió vuestro abuelo el Emperador mi Señor , y con su ayuda acabò : hazed vos lo mismo , reverenciando esta santa imagen de Dios, como la deveys.* C'est à dire mon fils l'Empereur vôtre aïeul est mort avec ce Crucifix, faites de même, en reverant cette réprésentation d'un Dieu mourant , comme vous y êtes obligé.

y succeſſores en la Corona, por
eſta tan piadoſa devocion y memoria.

XLIV. Declaro, que yo hè de-
deſeado hazer ſiempre juſticia à mis
vaſſallos, y nunca hè tenido animo ni
voluntad de agraviar a nadie; però
caſo que alguno, ò algunos, ayan tenido quexa ò pretenſion, por reſolucion,
ò diſpoſiciones mias, mando ſe les dè
ſatisfacion enteramente; y de la miſma
manera ſe pague todo lo que pareciere
que yo devo à mis criados, como à
otras perſonas; y ruego y encargo a
a mi ſucceſſor, y a los demas, que en
ſu caſo governaren en menor edad, ſu-
plan lo que faltare de mi real ha-
zienda, haſta la verdadera y cumplida
ſatisfacion de mis deudas, y de los
agravios y daños que pareciere haver
yo hecho.

XLV. Ruego y encargo a mis
ſucceſſores, ſegun que por tiempo tuvieren el govierno de eſtos mis Reynos

mienne : c'eſt pourquoi me confor-
formant à cette pieuſe diſpoſition ,
je le laiſſe pareillement à mon ſucceſſeur , & à mes ſucceſſeurs Rois,
comme un monument de la devotion
& de la pieté de mes Ancêtres.

XLIV. Je declare que j'ai toûjours deſiré de faire juſtice à mes ſujets , & que je n'ai jamais eu intention ni volonté de faire tort à perſon-
ne ; mais au cas que quelqu'un ou
quelques-uns ayent ou ayent eu ſujet
de ſe plaindre de mes reſolutions ,
j'ordonne qu'on les ſatis-faſſe entierement ; & que l'on paye auſſi tout
ce que l'on croira que je dois , ſoit à
mes ſerviteurs , ou à d'autres perſon-
nes : & je prie mon ſucceſſeur, & enjoins à ceux qui gouverneront en ſon
nom , s'il eſt mineur, de ſupléer à ce
qui manquera du côté de mes Finan-
ces , juſques au payement entier &
parfait de mes dettes , & à la répa-
ration des dommages qu'il leur ſem-
blera que j'aurai fait.

XLV. Je prie & je charge mes ſucceſſeurs , ſelon qu'ils viendront au
Gouvernement de ces Royaumes ,

procuren con todo cuidado excusar gastos superfluos, y relevar los Reynos de
tributos e imposiciones, por que aunque
voluntariamente sirven con ellos ; el
ruego y voluntad de los Reyes siempre
aprieta a los vassallos. Y no se podrian
ni pueden llevar, si llos Reyes tuvie-
ran con que acudir al remedio y socor-
ro de sus necessidades, por urgentes y
precisas que fuessen: y segun esto quando quiera que les cessaren las necessidades, han de cessar los tributos.

XLVI. Ygualmente encargo a mis
sucessores legitimos en mis Coronas, Señorios, que por tiempo los posseyeren,
honrren à sus Reynos, y se desvelen
en su conservacion y aumento; honrren,
favorezcan, y amparen à sus Vassallos,
por lo que merecen : y aunque esto es
general en todos los Reynos, en particular les encargo el amor y cuidado de
los Reynos de Esp ña, y muy especialmente de la Corona de Castilla; que es
notorio las fuerzas de gente, y dinero,
que hemos sacado de esta Corona, en
tiempo de los Señores Reyes, mis abue-
los, en el del Rey mi Señor y mi padre,

d'éviter avec tout le soin possible les dépenses superfluës, & de décharger les peuples d'une partie des tributs & des impôts, considerant que quelque bonne volonté qu'ayent les sujets, les demandes & les prieres des Rois leur sont toûjours bien à charge. * Et comme les tributs ne peuvent & ne pourroient être imposez, si les Rois avoient d'autres moyens de pourvoir à leurs besoins, quelque grans & pressans qu'ils fussent ; aussi doivent-ils cesser, quand les besoins cessent.

XLVI. Je recommande pareillement à mes successeurs legitimes, de veiller à la conservation & à l'acroissement de ces Royaumes, dans le tems qu'ils en seront possesseurs; d'honorer, favoriser, & proteger leurs Vassaux, selon leurs merites : & bien que cela soit general en tous les Royaumes, je leur recommande en particulier, d'aimer & de ménager ceux d'Espagne, mais sur tout ceux de la Couronne de Castille, desquels on sait combien les Rois mes ayeux,

* *Preces sunt, sed quibus contradici non potest.* Tacite.

y en el mio, para las guerras de Flandes, Alemania, Francia, Italia, y otras partes, y los servicios, y derramamientos de sangre, que en todo han hecho, y hazen cada dia, en defensa de la Religion Catolica.

XLVII. *Item*, que a todos los dichos mis Reynos y Señorios, vassalos, y personas de ellos, les administren, y hagan administrar justicia con igualdad, sin respeto humano alguno; y que en esto se an padres, y amparo de los huerfanos, viudas, y personas necessitadas y miserables, para que no sean oprimidas ni vexadas de los poderosos y ricos; que este es propio officio de Rey, para que à cada uno se le guarde su derecho, y todos vivan en paz y quietud, amor, y obediencia à su Rey.

XLVIII. *Encomiendo muy particularmente à mi sucessor y sucessores, el favorecer, y amparar a todos los vassallos forasteros, y fiar de ellos, como de los mismos propios de Castilla,*

le Roi mon Pere , & moi , avons
tiré de fecours d'hommes & d'Argent,
pour les Guerres de Flandre , d'Alle-
magne , de France , d'Italie , & d'autres endroits , où ces Vaffaux ont rendu de fi grans fervices , (comme ils
font encore de jour en jour ;) & re-
pandu tant de fang pour la defenfe de
la Religion Catolique.

XLVII. Item, je les prie d'adminiftrer & de faire adminiftrer la
juftiee à tous leurs fujets avec égalité,
& fans aucun refpeĉt humain ; d'être
les peres des Orfelins , & les protec-
teurs des Veuves , des pauvres, & des
autres malheureux , afin qu'ils ne
foient point oprimez ni vexez par les
Grans & par les Riches. Car tel eft
l'Office de Roi , que chacun foit
maintenu dans fon droit ; & que
tous vivent en paix & en concorde,
rendant l'obéiffance qu'ils doivent à
leur Prince.

XLVIII. Je recommande tres-
particulierement à mon fucceffeur &
mes fucceffeurs, de favorifer & proteger tous les Vaffaux Etrangers , &
de fe fier à eux comme aux Caftillans

E iij

por ser este el medio eficaz para conser-
varlos en amor, donde falta nuestra pre-
sencia real.

XLIX. Y por quanto hè hallado
estos Reynos muy cargados de tributos; y aunque de algunos les hè alivia-
do, no han permitido las guerras, y
necessidades de mi tiempo, hazer en
esto todo lo que quisiera en beneficio
de mis subditos, y ser muy conveniente
à la misma Corona el darle estos alivios;
mando a mis sucessores, que dando lugar à ello las necessidades publicas,
procuren quitar, lo mas que pudieren,
esto tributos; y que de estos subsidios y
rentas, del patrimonio, no gasten ni
consuman en mercedes ni rentas volun-
tarias, ni un solo real, que no se
puede ni se deve, por ser sangre de
tales vassallos, que solo la defensa
y cosa de la Religion puede justificat la
incommodidad, que en esta, parte se les
haze. Y para conseguirlo mejor, procuren por todos los medios possibles de-
sempeñar las mismas rentas.

naturels ; n'y ayant point de moyen plus efficace, pour entretenir l'affection de ceux qui se trouvent privez de nôtre presence Royale.

XLIX. Et comme j'ai trouvé ces Royaumes surchargez d'impôts ; & que les Guerres, & les autres besoins survenus durant mon Regne, ne m'ont pas permis de les soulager autant que je le voulois, quoique je l'aïe fait en ce que j'ay pû ; je recommande à mes sucesseurs, de suprimer ces ces impôts, ou du moins une partie, aussi-tôt que les necessitez publiques cesseront ; les services que lesdits Royaumes ont rendus meritant cette reconnoissance. Je les prie aussi de s'abstenir de consumer le Patrimoine Royal, non pas même une seule reale, en dons, en graces, & en pensions volontaires ; attendu que c'est le sang des peuples, & qu'il n'y a que la cause de la defense de la Religion, qui puisse justifier l'incommodité qu'ils en soufrent. Et pour mieux réussir en ce bon dessein, ils doivent employer toute leur industrie & tous leurs soins à dégager leurs revenus.

L. Conformandome con las leyes de mis Reynos, que prohiben enagenacion de lo bienes de la Corona, y Señorios de ellos, ordeno y mando à mi sucessor, y à otro qualquiere sucessor que por tiempo fuere, que no enagenen cosa alguna de dichos Reynos, Estados, y Señorios, ni los dividan ni partan aunque sea entre sus propios hijos, ni en otras personas algunas. Y quiero que todos ellos, y lo que à ellos, y à cada uno de ellos pertenezca, ò pudiere pertenecer, y qualquiera otros Estados, y que por tiempo me tocare la sucession, y à mis herederos despues de mi, anden y esten simpre juntos; como bienes indivisos e impartibles en esta Corona, y en las demas de mi Reynos, Estados, y Señorios, segun que al presente lo estan. Y quando por grande y urgente necessidad, grandes y loables servicios, enagenaren algunos vassallos, lo haran de consejo y voluntad de las personas interessadas y contenidas en la Ley, que hiso el Señor Rey Don Iuan el segundo; por que de pacto y concierto en las Cortes, que tuvo en Valladolid, año de mil quatrocien-

L. Me conformant aux Loix de mes Royaumes , qui défendent l'alienation des Biens de la Couronne , & de toutes les Seigneuries , qui en dependent ; j'ordonne à mon succes-seur , & à tous ceux qui le succede-ront à leur tour , de n'aliéner aucune chose desdits Royaumes , Etats, & Seigneuries , & de ne les partager ja-mais , non pas même entre leurs pro-pres enfans. * Et je veux, que tous ces Etats & leurs dependances , & tous les autres, dont la succession me peut arriver , ou à mes heritiers , soient & demeurent toûjours unis , comme biens indivis & impartageables en cette Couronne , & dans les autres que je possede , ainsi qu'ils le sont presentement. Et si pour quelque grande & urgente necessité , ou pour de grands & importans services , ils alienent quelques Terres , ils le fe-ront de l'avis & du consentement des personnes interessées , & comprises

* Il y a un proverbe Espagnol , qui dit que les grands partages défont les grandes Mai-sons.

E v

tos y quarenta y dos, que deſpues con-
firmaron y mandaron guardar los Señores Reyes Catolicos Don Fernando y
Doña Yſabel, mis predeceſſores, el
ñor Emperador, mi reviſabuelo, en las
Cortes que tuvo en Valladolid, año de
mil quinientos y veinte y tres; y ulti-
mamente mi viſabuelo y abuelo, y el
Rey mi Señor y mi padre por ſus
Teſtamentos Y yo de nuevo los con-
firmo, quiero y mando, ſe guarde y
cumpla.

LI. Por quanto la Señora Reyna
Doña Yſabel, y deſpues de ella el Señor Emperador, mi reviſabuelo, y los
demas Señores Reyes ſus ſuceſſores, haſta el Rey mi Señor y mi padre, dejaron diſpueſto en ſus Teſtamentos, que
de todos los Grandes y Cavalleros de
eſtos Reynos y Señorios, ſe cobren las alcavalas, tercias, pechos, y derechos pertenecientes à la Corona Real, y Patri-

dans la Loi que fit le Roi Don Juan II. par une convention ou transaction passée entre lui & les Etats tenus à Valladolid en l'an 1442. laquelle fut depuis confirmée par les Rois Catoliques Ferdinand & Isabelle, mes predecesseurs, avec commandement de la faire observer; & encore depuis par l'Empereur Charles, mon trisayeul, aux Etats pareillement tenus à Valladolid en 1523. & enfin par les Testamens de mes Peres, Philippe I I. Philippe I I I. & Philippe I V. Et moi de nouveau je confirme ladite Loi, & veux qu'elle soit gardée & acomplie.

LI. Et comme la Reine Isabelle, & tous ses successeurs jusques au Roi mon Pere, ont ordonné dans leurs Testamens, que l'on retirât des mains de tous les Grands & Gentils-hommes titrez, les Gabelles, Daces, Tierces, * & autres droits apartenans à la

* C'est un certain droit, que le Pape N. acorda au Roy de Castille, Alfonse X. sur nommé le Sage, sur les revenus de la Fabrique des Eglises, pour être employé à la guerre qu'il faisoit aux Mores : apelié *Tercia*, parce qu'un tiers de ces revenus y étoit affecté.

monio de mis Reynos y Señorios ; yo tambien lo dispongo , y mando en la misma manera.

LII. Y por que, por las grandes ocupaciones de paz y guerra , y negocios graves y arduos , que me han ocurrido en tiempo de mi Reynado , no lo hè podido executar por ende : y por que los dichos Grandes , y otras personas , à causa de dicha tolerancia y dissimulacion , que havemos tenido , y tuvieremos de aqui delante , en qualquier manera no pueden dezir ni alegar, que tienen uso y costumbre ; ni que se aya seguido ni causado prescripcion alguna , que pueda perjudicar al derecho de la Corona y Patrimonio Real , ni à lo Reyes , que despues me sucedieren en los dichos mis Reynos ; de mi propio motu , cierta sciencia, y poderio real absoluto , de que en esta parte quiero usar , y uso como Rey y soberano Señor , no reconnociendo en lo temporal superior en la tierra ; revoco , casso , anulo , y doy por de ninguno , y de ninguin valor y efecto la dicha tolerancia , y qualquiera dissimulacion , permisso , ò licencia , que aya concedido, y con

Couronne & au Patrimoine de mes Royaumes & Seigneuries ; je l'ordonne & commande auſſi en la même maniere.

LII. Et d'autant que les grandes occupations de paix & de guerre, & les affaires difficiles, qui me ſont ſurvenuës, ne m'ont pas permis d'executer ce projet : Pour cette cauſe, & afin que leſdits Grans, & tous autres, voulant ſe prévaloir de la tolerance & diſſimulation, dont nous avons uſé, ou pourrions uſer à l'avenir ; ne puiſſent dire ni alleguer, en quelque maniere que ce ſoit, qu'ils ont pour eux l'uſage & la coutume, ni qu'il y ait aucune preſcription acquiſe, qui puiſſe préjudicier au droit de la Couronne & du Patrimoine Royal, ni aux Rois, qui me ſuccederont à l'avenir ; de mon propre mouvement, certaine ſcience, & puiſſance abſoluë, dont je veux uſer, & uſe en ce cas, comme Roi & ſouverain Seigneur, qui ne reconnois au temporel aucun Superieur ſur la Terre ; je revoque, caſſe & annulle, & déclare nulle, & de nulle valeur ladite tolerance,

sediere de palabra y por escrito, y qualquiera transcurso de tiempo, aunque
fuesse luengo, luenguissimo, y aunque
sea de cien años, y tal que no huviesse
memoria de hombres en contrario; para
que no les pueda aprovechar, y siempre
que de el derecho de la Corona illeso; y
pueda yo, y los Reyes, que despues me
sucedieren en dichos mis Reynos, rein-
corporar en la Corona, y Patrimonio
Real de ellos, las dichas alcavalas, tercias, pechos, y derechos, como quiera à
ellos pertenecientes, como cosa anexa
à la dicha Corona, y que de ella no ha podido, ni puedo, ni podra apartarse por
alguna tolerancia, permisso, ò dissimulacion, ò transcurso de tiempo, ni por ex-
pressa licencia, ò concession que huviere
de nos; y de los Reyes nuestros predecessores, en fuerza y observancia de lo que
dejaron dispuesto la Señora Reyna Doña
Ysabel, el Señor Emperador mi revisa-
buelo, y los demas Señores Reyes, sus sucessores, hasta el Rey mi Señor y mi padre.

LIII. Declaro, que siempre hè tenido cuidado, que de mis Sotos, y Bosques, que tengo en diferentes partes de
mis Reynos, no recivan daño los vassal-

diſſimulation, ou licence, que j'aïe
accordée ou accorderai de bouche, &
par écrit ; & tout laps de tems, quoique long & tres-long, ſoit-il de cent
ans, & tel, qu'il ne reſte memoire
d'homme au contraire ; afin qu'ils ne
puiſſent s'en prévaloir ; tellement
que le droit de la Couronne demeure toûjours en ſon entier ; & que je
puiſſe, moi, & les Rois mes Succeſſeurs, incorporer de nouveau à leur
Couronne & Patrimoine Royal tous
leſdits droits, à eux apartenans, comme choſe annexée à ladite Couronne;
& qui n'a pû, ne peut, ni ne pourra
jamais en être ſeparée, à raiſon d'aucune tolerance, permiſſion, diſſimulation, ou laps de tems, ni même
d'aucune conceſſion de Nous, ou des
Rois nos predeceſſeurs. Et ce, en vertu & en execution de ce qu'ont ordonné la Reine Iſabelle, & les Rois
ſes deſcendans, juſques au Roi mon
Pere.

LIII. Je declare, que j'ai toûjours
eu ſoin, que des Bois & Foreſts, que
je poſſede en divers endroits de mes
Royaumes, mes ſujets n'en ſouffriſ-

los en sus haziendas y heredades. Mas si
al tiempo de mi fallecimiento no se huviere dado satisfacion à los lugares que
huvierem recivido daño con las monte-
rias, mando que mi Montero Mayor
ajuste el interes; y por lo que el dixere,
sin otra averiguacion ni diligencia, se
dè satifacion luego.

L I V. Assi mismo declaro, que las
obras, que hè mandado hazer assi en el
Buen-Retiro, Palacio, y demas Casas
de Campo, que no corren por ordenes de
la Iunta de Obras y Bosques, hè consig-
nado los gastos de ellas por mis reales
gastos secretos, distribuyendolo por mano
de Ioseph del Olmo, Maestro Mayor
de las Obras Reales. Y por que sera possible, se continuen estas Obras por la
misma mano, ò del Maestro Mayor,
que le sucediere; quiero, y es mi voluntad, se les satisfaga lo que, por sus
relaciones juradas, constare deverseles
de las referidas obras, por haver sido para mayor adorno, y conveniencia de las
mismas Casas. Reales. Y pudiendo tambien por esta razon tener suplidas algunas cantidades, assi Don Felipe de Tor-

sent aucun dommage en leurs biens
heritages. Mais si au tems de mon
decés on n'avoit pas donné satisfac-
tion aux lieux , ausquels les chasses
auroient causé quelque dommage ;
j'ordonne , que mon Grand Veneur
soit Juge du dommage ; & que sur ce
qu'il dira , l'on y satisfasse aussi-tôt,
sans autre examen , ni verification.

LIV. Je déclare pareillement ,
que pour les bâtimens que j'ai ordonné de faire , soit au *Buen-Retiro*, ou
à mes autres Maisons de Campagne,
& qui ne sont point de la direction de
la *Iunte* des Bâtimens & des Bois, j'en
ai assigné les deniers sur mes dépenses
secretes , qui ont passé par les mains
de Joseph del Olmo , Grand-Maître
desdits Bâtimens. Et comme il arrivera peut-être , que ces Ouvrages seront continuez , ou par lui , ou par le
Grand-Maître , qui lui succedera ;
j'entens & ma volonté est , qu'on le
paye de ce qui se trouvera lui être encore deu , selon ses Comptes affirmez
par serment , attendu que ces Ouvrages ont été faits pour l'embellisse-
ment & la commodité de ces Mai-

res , mi Secretario de Camara actual, como el que le sucediere , por entrar en su poder las mesadas del bolsilllo , y otras partidas ; mando se estè a lo que dixeren , respecto de la confianca y experiensias que tengo de estos criados.

LV. Mando , se paguen todas mis deudas en la mejor y mas breve forma que sea possible , concurriendo todos los Testamentarios , que dejo nombrados en Iunta , que para esto se tenga con el Secretario de Descargos dandose las providencias convenientes para lo que instare mas , y fuere con specialidad del cargo de mi real conciencia.

LVI. Y por que en los Testamentos de los Señores Reyes mis predecessores ay varias clausulas , que se han ido repitiendo hasta el Rey mi Señor y mi padre, en orden al descargo de sus conciencias, que , por los accidentes y estrechezes de los tiempos , no se han podido executar ; y à este fin , desde el Señor Emperador ,

fons Royales. Et comme quelques
fommes pourront avoir été fournies
à cet effet, tant par Don Philippe de
Torres, actuellement mon Secretaire de la Chambre, que par celui, qui
lui fuccedera, comme ayant le mani-
ment de la bourfe des menus plaifirs;
je veux que l'on s'en tienne à ce qu'ils
diront, pour l'experience que j'ay
faite de la bonne foi & preu-d'hom-
mie de ces ferviteurs.

LV. J'ordonne, que toutes mes
dettes foient payées en la meilleure
& plus briéve forme qu'il fera poffible; & que pour cet éfet, les exécuteurs de mon Teftament s'affemblent
avec le Secretaire *de Defcargos*, pour
expédier ce qui preffera davantage,
& particuliérement ce dont ma conf-
cience fera le plus chargée.

LVI. Et comme les Teftamens
des Rois, mes Prédeceffeurs, contiennent diverfes claufes,qui ont toûjours été repetées jufques à celui du
Roi mon pere, par raport à la déchar-
ge de leurs confciences; & qui, pour
le malheur des tems, n'ont pû être
exécutées; & que, depuis le regne de

se han situando varias rentas de la Corona, que corren por la Iunta de Descargos; mando que estas se administren en la misma forma, añadiendo à ellas las que deputò el Rey mi Señor y mi padre, para que, con su producto, se vayan satisfaciendo estas deudas; sin que lo applicado à la testamentaria se minore nunca, ni haga vaja, ni descuento; sino que sea integro y efectivo, pagandose siempre muy puntualmente. En cuya disposicion son tan interessados los Reyes sucessores en la Corona, para que se observe lo mismo con las que ellos dejaren.

LVII. Y en el remanente de todos mis bienes, derechos, y acciones, que en qualquiera manera me puedan tocar y pertenecer, cumplido y pagado enteramente este mi Testamento en todo, y por todo, como en el se contiene, y và expressado; dejo y nombro por mi heredero al dicho sucessor de mis Reynos, para

l'Empereur Charles , ont été assignez plusieurs revenus de la Couronne , dont la *Iunte de Descargos* a le maniement ; j'ordonne , que ces deniers soient administrez en la même forme, y ajoûtant les rentes que le Roi mon Pere a pareillement assignées , pour aider à acquiter toutes ces dettes; sans que ce qui est appliqué à ces dispositions testamentaires soit jamais diminué , ni sujet à aucun rabais , ni déduction ; mais au contraire, que le tout demeure entier , & soit toûjours payé ponctuellement. A quoi les Rois nos Successeurs ont d'autant plus d'interest ; que cela tire à consequence pour l'observation & l'accomplissement des dispositions, qu'ils feront un jour eux-mêmes.

LVII. Quant au reste de mes biens , droits & actions , qui peuvent ou pourront m'appartenir, en quelque maniere que ce soit , aprés que ce mien Testament aura été accompli en tout & par tout , & mes dettes payées , ainsi qu'il y est porté ; je laisse & nomme pour mon héritier ledit Successeur de mes Royaumes , afin

que, con la bendicion de Dios, y esta
mi voluntad, los herede.

LVIII. Para la breve execucion de este mi Testamento y ultima voluntad, nombro por mis al-
baceas y Testamentarios, univer-
salmente en todo mis Reynos, Estados, y Señorios, assi los que son dentro de España, como los que estan
fuera de ella, en qualquiera parte
y forma; a la Reyna, mi muy cara
y amada muger: al que fuere Sumiller de Corps; y no le haviendo,
al Gentilhombre de Camara mas
antiguo, hasta que le aya: al que
fuere mi Mayor-domo Mayor; y no
le haviendo, al Mayordomo mas
antiguo, hasta que le aya: a mi Ca-
vallerizo Mayor, el que lo fuere, ò
hiziere este oficio: à mi Lismonero
Mayor: a mi Confessor, y al que le
sucediere en este empleo: al que
fuere Presidente ò Governador del

qu'il en herite, avec la benediction de Dieu, conformement à cette mienne volonté.

LVIII. Pour la prompte execution de ce Testament, je nomme pour mes executeurs generalement en tous mes Royaumes, Etats, & Seigneuries, tant ceux qui sont au dedans de l'Espagne, que les autres qui sont au dehors, quelque part que ce soit, la Reine, ma tres-chere Epouse, mon *Sumiller de corps* ; * & s'il n'y en a point, le plus ancien Gentil-homme de la Chambre, jusques à ce qu'il y ait un *Summiller* ; le Grand-Maitre de ma Maison ; & n'y en ayant point, le plus ancien Maître d'Hôtel, jusques à ce qu'il y ait un Grand-Maître : Mon Grand-Ecuyer, ou celui qui en fera la fonction : Mon Grand-Aumônier : Mon Confesseur, & celui, qui lui succedera en cet emploi : le President ou Gouverneur du Conseil de Castille; & n'y en ayant point, celui qui sera le plus ancien de ce

* C'est proprement le Grand-Chambellan, ou selon d'autres, le Premiers Gentilhomme de la Chambre.

Consejo de Castilla; y no le haviendo, al que fuere mas antiguo de el, hasta que le aya: al que fuere Vicechanciller de Aragon; y no le haviendo, al que fuere mas antiguo, hasta que le aya: al que fuere Inquisidor General; y no le haviendo, al mas antiguo del Consejo de Inquisicion, hasta que le aya: al que fuere Presidente de Indias; y en falta de el, al mas antiguo, hasta que le aya: al que fuere Prior de San Lorenzo el Real. Y quiero y mãdo, que los dichos mis Testamentarios puedan hazerse informar, y cometer à los que gouvernaren en qualquiera parte de mis Reynos y Señorios, dentro y fuera de España; y otros Ministros, y personas residentes en ellos; lo que vieren convenir para la buena execucion, y complimiento de este mi Testamẽto.

LIX. *Es mi voluntad, y mando que esta mi escritura, y todo lo en el-*

Conſeil , juſques à ce qu'il y ait un Preſident le Vicechancelier : d'Aragon ; & n'y en ayant point , le plus ancien du Conſeil d'Aragon , juſques à ce que la Preſidence ſoit remplie : l'Inquiſiteur General ; & n'y en ayant point , le plus ancien du Conſeil de l'Inquiſition , juſques à ce qu'il y ait un Grand-Inquiſiteur : le Preſident des Indes ; & à ſon défaut , le plus ancien de ce Conſeil , juſques à ce qu'il y ait un Preſident. Enfin , celui qui ſera pour lors Prieur de Saint Laurent le Royal. Et je veux & ordonne que meſdits execnteurs Teſtamentaires puiſſent ſe faire informer , & commettre ceux qui auront part au Gouvernement de mes Royaumes & Seigneuries , quelque part que ce ſoit , en Eſpagne , ou hors d'Eſpagne , & tous autres Miniſtres, ou particuliers , qui y reſideront , à tout ce qu'ils verront être neceſſaire pour la bonne expedition & l'entier acompliſſement de cette mienne diſpoſition.

LIX. Je veux & ordonne , que ce mien écrit, & tout ce qu'il con-

la contenido, valga por mi Teſtamento y ultima voluntad, en la mejor forma y manera que pueda valer, y mas
util y provechoſo ſea, y pueda ſer. Y ſi
alguna mengua ò defeſto tuviere eſte mi
Teſtamento, o falta de ſolemnidad, por
grande que ſea, yo de mi proprio motu, cierta ſciencia, y poderio real abſo-
luto, de que en eſta parte quiero uſar,
y uſo, la ſuplo, y quiero, y es mi voluntad, que ſe aya por ſuplido; alzo
y quito de el todo obſtaculo e impedimento, aſſi de hecho, como de derecho. Y
quiero y mando, que todo lo contenido en eſte mi Teſtamento ſe guarde
y cumpla, ſin embargo de qualeſquier
leyes, fueros, y derechos comunes y
particulares de los dichos mis Reynos,
Eſtados, y Señorios, que en contrario
de eſto ſean, ò ſer puedan. Y cada coſa
y parte de lo en eſte mi Teſtamento contenido y declarado quiero, y mando, que
ſea havido y tenido por ley; y que tenga fuerza y vigor de ley hecha y promul-
gada en Cortes generales, con grande
y madura deliberacion; y no lo embara-
ze fuero, ni derecho, ni otra diſpoſicion
alguna, por que es mi voluntad, que

tient, vaille pour mon Teſtament, &
derniere volonté , en la meilleure
forme & maniere qu'il puiſſe valoir,
& tourner plus au profit de mes peuples. Et s'il manque à ce mien Teſtament quelque ſolemnité , ou quelque
autre choſe , quelle qu'elle ſoit , j'y
ſupplée de mon propre mouvement ,
certaine ſcience , & puiſſance Royale
abſolüe , dont en ce cas je veux uſer,
& uſe en effet ; & entens qu'elle ſe
tienne pour bien ſupplée , levant &
ôtant tout obſtacle & empêchement,
tant de fait , que de droit. Veux &
ordonne , que tout le contenu en ce
mien Teſtament ſoit gardé & acompli , nonobſtant toutes loix , droits
& coûtumes communes & particulieres de meſdits Royaumes , Etats
& Seigneuries, qui y ſoient , ou puiſſent être contraires. De plus , je veux
que chaque choſe & partie de ce qu'il
contient ſoit tenuë pour loi , & ait
force & vigueur de loi faite & pu-
bliée en plains Etats , avec grande &
meure deliberation , ſans que rien
puiſſe jamais l'empêcher ; parce que
c'eſt ma volonté , que la Loi , que je

esta ley, que aqui hago, derogue y abro-
gue, como postrera, qualesquiera fueros,
leyes, derechos, costumbres, stilos, y otra
aisposicion qualquiera, que la pudiera
contradezir en manera alguna. Y por este
Testamento revoco, y doy por ninguno, y de ningun valor ni efecto, qualquiera otro Testamento, Cobdicilio ò
Cobdicilios, ò otra qualquiera postrera voluntad, que antes de el aya hecho y otorgado, con qualesquiera clausulas derogatorias, en qualquier forma
que sea. Los quales, y cada uno de
ellos que parezca: quiero y mando, que
nohagam fè en Iuicio, ni fuera de el,
salvo este, que hago ahoras y otorgo:
que es mi voluntad, con la qual quiero
morir. Yo va escrito en cinquenta y dos
ojas, todas en papel de pliego entero
de esta letra, y de papel commun, y
tres y media en blanco. En testimonio
de lo qual. Yo el Rey Don Carlos le
otorgo y lo firmo en la Villa de Madrid, à dos de Octubre de mil y setecientos años. Entre renglones hizo:
Valga.

YO EL REY.

fais ici, déroge & abroge, comme
poſterieure, tous Priviléges, &
abroge, comme poſterieure, tous
Privileges, Loix, Droits, Coûtumes, ſtiles, & autres diſpoſitions
quelconques, qui pourroient l'im-
pugner en quelque maniere. Et par
ce mien Teſtament je revoque, &
donne pour nul & de nul effet & valeur, tout autre Teſtament, Codicille, ou Codicilles, ou autre Acte
de derniere volonté, que j'aïe fait &
paſſé,en quelque maniere que ce ſoit,
& même avec des clauſes dérogatoi-
res. Tous leſquels, & chacun d'eux
qui paroïſſe, je veux & ordonne qu'ils
ne puiſſent valoir en Jugement, ni
hors d'icelui, ſauf celui-ci que je fais
& paſſe maintenant. Car telle eſt ma
derniere volonté, avec laquelle je
veux mourir. Il eſt écrit en cinquan-
te-deux feuïllets _in folio_ de papier
commmun, & trois & demi en blanc.
En foi de quoi, Moy Don Carlos, je
le paſſe & ſigne à Madrid, le ſecond
d'Octobre de l'an mil ſept cens. Entre lignes eſt ce mot : Vaille.

MOI LE ROI.

Copia del Papel que cita este Testamento.

NOmbro a Don Rodrigo Manuel Manrrique de Lara, Conde de Frigiliana, Gentilhombre de mi Camara, de mi Consejo de Estado, para que como Ministro de el concurra en la Iunta, que hè disputado por mi Testamento, para el govierno de mis Reynos en el interim, que puede tenerle mi sucessor en ellos. Y haviendo de concurrir tambien en la dicha Iunta un Grande, por representacion de la Nobleza, nombro à Don Francisco Casimiro Pimentel, Conde de Benavente, mi Sumiller de Corps. Y para que assi se execute, lo firmè en Madrid, à dos de Octubre de mil y setecientos año.

YO EL REY.

COPIA DEL COBDICILLO.

YO Don Carlos, por la gracia de Dios Rey de Castilla, &c. Conde de Flandes, &c. Digo, que hal-

Copie de l'Ecrit cité dans les Articles 15. & 30. de ce Testament.

JE nomme Don Rodrigo Manuel Manrrique de Lara, Comte de Frigiliana, Gentil-homme de ma Chambre, de mon Conseil d'Etat, afin que comme tel il assiste à la *Iunte*, que j'ai nommée par mon Testament, pour le gouvernement de mes Royaumes, en attendant que mon Successeur puisse les gouverner lui-même. Et comme un Grand doit entrer aussi dans la *Iunte*, pour y representer la Noblesse, je nomme Don Francisco Casimiro Pimentel, Comte de Benavente, mon Sumilier de corps. Et afin que cela s'execute ainsi, je l'ai signé à Madrid le 2. d'Octobre de l'an 1700.

MOI LE ROI.

COPIE DU CODICILLE.

MOr Don Carlos, par la grace de Dieu, Roi de Castille, de Léon, d'Aragon, &c. Comte de

landome con la enfermedad que Nueſtro Señor fue ſervido de darme, pero con mi entendimiento natural; otorguè Teſtamento cerrado en tres de Octubre del año de mil y ſetecientos, ante Don Antonio de Vbilla y Medina, Cavallero del Orden de Santiago, de mi Conſejo, mi Secretario de Eſtado de la negociacio de Italia, y de el Deſpacho Vniverſal, Notario publico en todos mis Reynos y Señorios, y de los teſtigos que en el ſe expreſſan. Y por que una de las clauſulas que contienne, es la de mandar, que ſi la Reyna Doña Mariana, mi muy cara y amada muger, deſpues de mi fallecimiento, guſtare por ſu voluntad, o mayor retiro ſuyo, paſſarſe à alguno de los Reynos de Italia, y, por bien del quel eligieſſe, ſe dedicare à governarle; lo diſponga mi ſuceſſor, dandole los Miniſtros, que para ello fueren mas condecorado, y de mayores experiencias. Y ſi quiſiere vivir en alguna Ciudad de eſtos Reynos, ſe la dè el govierno de ella, y de ſu tierra, con la Iuriſdicion. Y ahora, para mas extenſion de la dicha clauſule, y ſatisfacion de la Reyna,

Flandre, &c. Dis, que me trouvant
malade de corps, mais sain d'entendement; j'ai fait un Teftament,
fermé le 3. d'Octobre de l'an 1700.
par devant *Don Antonio de Vbilla y
Medina*, Chevalier de l'Ordre de
faint Jacques, de mon Confeil, mon
Secretaire d'Etat pour les affaires
d'Italie, & du *Defpacho Vniverfal*, No-
taire public en tous mes Royaumes
& Seigneuries, & l'un des témoins
qui y font nommez. Et parce qu'une
des claufes, qu'il contient, eft celle
où j'ordonne, que fi la Reine, ma
tres-chere Epoufe, veut aprés mon
déceds, ou de fa propre volonté, ou
pour vivre plus retirée, paffer en
Italie, & fe deftiner au gouvernement quelqu'un des Royaumes que
j'y poffede; il plaife à mon Succeffeur lui donner cette fatisfaction, &
pour Confeil, les Miniftres les plus
illuftres & les plus expérimentez.
Que fi elle veut demeurer dans quelque Ville d'Efpagne, elle en aura
le gouvernement, & de tout fon
diftrict, avec la jurifdiction. Et
maintenant, pour plus grande ex-

F v

y à mayor abundamiento, quiero que si tuviere por de su mayor decoro, conveniencia, y gusto, retirarse à vivir en los Estados que yo tengo en Flandes; y si tambien se dedicare à govenarlos, se la de por mi sucessor, en la misma forma, el mando y govierno de ellos, como se haria para qualquiera de los Reynos de Italia, que eligiesse en virtud de la clausula del dicho mi Testamento, señalandola los Ministros mas à proposito para ello.

II. Mando, que la obra, que por mayor decencia y culto al Sanctissimo Sacramento se empeço en la Capilla del Palacio, que yo tengo en esta Villa de Madrid, y de quenta mia se pagaban los gastos de esta obra, y los adornos de ella, se concluya por mi sucessor; hasta ponerla en forma, siguiendo en todo las plantas y conciertos que estan executados; y se adelante quanto fuere possible, para que buelva à colocarse en ella con la devida solemnidad el Santissimo Sacramento.

tenſion de ladite clauſe, & plus abon-
dante ſatisfaction de la Reine, je
veux, que ſi elle juge, qu'il lui ſoit
plus honorable & plus avantageux,
ou plus ſelon ſon inclination, de ſe
retirer dans les Etats que j'ai en
Flandre, & qu'elle ſe trouve diſpo-
ſée à les gouverner ; mon Succeſſeur
lui en donne l'adminiſtration, en la
même forme, qu'il lui donneroit
celle du Royaume, qu'elle auroit
choiſi en Italie, en vertu de la clauſe
de mon-dit Teſtament ; c'eſt à dire,
avec un Conſeil compoſé des Miniſtres qu'il jugeroit plus à propos.

II. J'ordonne, que l'ouvrage com-
mencé dans la Chapelle de mon Palais de Madrid pour le culte du Saint
Sacrement, & dont toute la dépenſe
alloit ſur mon compte, ſoit achevé
inceſſamment par mon Succeſſeur,
ſuivant en tout le plan ou devis, que
l'on a mis en execution, afin que cet
Adorable Sacrement ſoit remis au
plûtôt dans ladite Chapelle avec toute la ſolemnité requiſe.

III. *Mando à los Conventos Reales de las descalças Francifcas; al de la Encarnacion, Augustinas - Recoletas; al de fanta Terefa, y al de fanta Anna Carmelitas defcalças; una alhaja, à cada uno, para fu adorno, la que eligiere la Reyna mi muy cara y muy amanda muger, a quien ruego y encargo lo cumpla affi.*

IV. *Item, quiero, y es mi voluntad, que el Convento de Religiofas Carmelitas defcalças, institulado San Iofeph en Avila, fe incorpore y agregue al Patronato Real; fenalandofe para ello la cantidad o cantitades que fe neceffitaren; difponiendofe todo por la Camara de Caftilla, en la forma que fe acoftumbra.*

V. *Ordeno y mando, que quando fe fatisfagan las deudas que yo dejare, fe pague tambien todo lo que eftuviere deviendo, hafta el dia de mi fallecimiento, la Reyna mi mui cara y amada muger, de cuya orden fe prefentara relacion de ello.*

VI. *Haviendo defeado toda mi vida, tenga el Compatronato de mi*

III. Je legue aux Convens Royaux
des Cordeliéres déchauſſées , des Au-
guſtines-Recolectes de l'Incarnation,
des Religieuſes de ſainte Thereſe , &
des Carmélites déchauſſées de ſainte
Anne , un Parement d'Autel à chacun , ou tel autre ornement que choi-
ſira la Reine , ma tres-chere Epouſe,
laquelle je prie de vouloir executer
ce legs.

IV. Item , j'entens , & ma volonté eſt , que le Monaſtere de ſaint
Joſeph des Carmélites déchauſſées
d'Avila ſoit incorporé & agregé au
Patronat Royal , & qu'on lui aſſigne
les deniers , qui ſeront neceſſaires
pour cela : ce qui ſera executé par la
Chambre de Caſtille en la forme ac-
coûtumée.

V. J'ordonne , que lors qu'on
payera les dettes que je laiſſerai , l'on
paye auſſi tout ce qui ſe trouvera dû,
juſques au jour de mon deceds , par
la Reine ma tres-chere Epouſe , qui
en fera preſenter un Etat.

VI. Aiant ſouhaité toute ma vie,
que la glorieuſe ſainte Thereſe de

Reynos de España, la gloriosa santa Teresa de Iesus, mi Abogada, por la especial devocion que la tengo; encargo à mi sucessor, y à mis Reynos, lo dispongan como tan importante para sus mayores beneficios que deve esperar por la interposicion de esta Santa.

VII. Y para que assi tenga cumplimiento lo prevenido aqui, hago este Cobdicillo, que quiero que valga, como si todo ello se huviesse insertado en el dicho mi Testamento cerrado, el qual dejo en todo su vigor y fuerza, en lo que no fuere contrario à lo que aqui ordeno y mando; y quiero que valga, y que quando se abra con la solemnidad del derecho, se haga lo mismo con este Cobdicillo, y se ponga con el, para que tenga el mismo valor y firmeza. Y va escrito en quatro fojas con esta. Y para otorgarlè cerrado, lo firmè en la Villa de Madrid, à cinco dias del mes de Octubre del año de mil y setecientos.

YO EL REY.

Jesus , mon Avocate , fût mise au
nombre des Patrons de mes Royaumes d'Espagne , à cause de la dévotion speciale , que j'ai pour elle ; je
recommande à mon Succeſſeur , & à
meſdits Royaumes, d'entrer dans cette mienne intention , par la conſide-
ration des graces & des ſecours , que
lui & eux doivent eſperer d'obtenir
par l'entremiſe de cette Sainte.

VII. Et afin que le contenu ci-
deſſus ſoit accompli , je fais ce Codicille , que je veux qui vaille , comme
s'il étoit inſeré tout entier dans mondit Teſtament fermé ; lequel je laiſſe
en toute ſa vigueur & force , en ce
qui ne ſera point contraire à ce que
j'ordonne ici ; & veux qu'il vaille ; &
que lors qu'on l'ouvrira avec les ſo-
lemnitez , que le Droit ordonne, l'on
en faſſe de même de ce Codicille
écrit en quatre feüillets avec celui-
ci ; afin que joint au Teſtament il ait
la même force & valeur. Et pour l'au-
toriſer , avant que de le fermer , je
l'ai ſigné dans la Ville de Madrid , le
5. du mois d'Octobre de l'an 1700.
MOI LE ROI.

Carta de la Junta de España al Rey Christianissimo.

Señor,

A las tres horas de la tarde de este dia, llevò Dios (para goza sin duda de su gloria) el alma del Rey Don Carlos Segundo, nuestro Señor. Su Testamento cerrado se hà abierto immediatamente con las solemnidades del derecho, y hallandose en la clausula de heredero y subcesor de todos sus Reynos y Dominios, sin excepcion de minguna parte de ellos ; llamar para una y otro circunstancia al Ser^mo Señor Duque de Anjou, hijo del Ser^mo Delphin, mandando tambien Su Mag^d se le dè luego, y sin la menor dilacion, la possession actual, precediendo el juramento , que deve hazer de observar las leyes , fueros, y costumbres de los Reynos y Señorios , (como mas expressamente se previene en las dos copias adjuntas ;) y dejando assi mismo el Rey nuestro Señor, (que aya gloria,) dispuesta una Junta para el govierno universal

Lettre de la Junte *ou Regence* d'Espagne au Roy.

SIRE,

AUJOURD'HUI, sur les trois heures du soir, Dieu a retiré de ce monde le Roi Charles Second, nôtre Seigneur & Maître, pour le faire joüir, (comme nous devons le croire) de sa gloire éternelle. Son Testament a été ouvert immédiatement aprés sa mort, avec les solemnitez de Droit; & s'y trouvant dans la clause qui concerne l'Heritier & Successeur de tous ses Royaumes, Etats, & Seigneuries, qu'il y appelle, sans nulle exception, le Serenissime Duc d'Anjou, fils du Serenissime Dauphin, avec ordre de lui en donner, sans aucun délai, la possession actuelle, aprés qu'il aura prêté le serment qu'il doit faire, d'observer les Loix, Privileges Coûtumes de chaque Royaume, & Seigneurie, ainsi qu'il est plus amplement exprimé dans les deux copies ci-jointes ; & que Sa Majesté,

de la Monarquia, en el interim que el subcesor en ella puede por sì governarla; nombrando a la Reyna nuestra Srª (si fuere su voluntad;) y à los Ministros, que sirman esta carta, cumplen con la obligacion de pasar luego esta primera noticia à V. Magd a que seguiran las demas de su consequencia, y quedan cumpliendo mui cavalmente con una y otra de las dos circunstancias, à que se reduce este aviso. Nuestro Señor guarde la Christianissima persona de V. Magd como es menester. Madrid a 1. de Noviembre del 1700.

YO LA REYNA.

EL CARD. PORTOCARRERO.
D. MANUEL ARIAS.
EL OBISPO INQ. GENERAL.

D. RODRICO MANUEL MANRRIQUE DE LARA.
EL CONDE DE BENAVENTE.

que Dieu abfolve , établit une *Iunte*
pour le gouvernement general de la
Monarchie , jufques à ce que fon
Succeffeur puiffe la gouverner lui-
même ; la Reine , qu'il a nommée
pour en être , fi c'eft fa volonté d'y
affifter ; & les Miniftres fouffignez ,
s'aquitent de l'obligation qu'ils ont
d'en donner la premiere nouvelle à
Vôtre Majefté , laquelle fera , fuivie
de toutes les autres diligences & in-
formations , qui feront neceffaires en
cette occurrence. C'eft à quoi fe ré-
duit tout ce dont nous avons à donner avis à Vôtre Majefté , Dieu la
conferve , comme il en eft befoin. A
Madrid , le 1. de Novembre de l'an
mil fept cens.

MOI LA REINE.

Le Card. Portocarrero.
Don Manuel Arias.
L'Evesque Inquisiteur
   General.
Don Rodrigue Manuel.
   Manrrique de Lara.
Le Comte de Benavent.

Carta de Don Antonio de Ubilla Secretario de Estado.

HAviendo fallecido el dia primero del corriente el Rey Don Carlos, mi Señor, à las tres de la tarde, y abiertose immediatamente su Testamento con las solemnidades del derecho, se hallò en el una clausula, de que es copia la inclusa, en que dexa nombrado por successor en todos sus Reynos, Estados, y Señorios, al Sereniss̃imo, Señor Duque de Anjou, hijo del Sereniss̃imo Delphin, con las calidades que en ella se expressan; y otra clausula, de que tambien và aqui copia, dando forma al govierno de la Monarquia en el interin que puede executarlo por si el sucessor. De que el mismo dia por la noche, se diò quenta al Rey Christianiss̃imo, y enviadole las copias citadas en la carta, de que assi mismo và aqui copia, remitiendola al Marques de Castel-dos-Rios, para que la pusiesse en sus reales manos, como se lo previno en carta, de que assi mismo està aqui copia; y uno y otro se envia por

Lettre du Secretaire d'Etat Don Antonio de Ubilla.

LE Roi Charles, mon Souverain Seigneur & Maître, étant decedé le premier de ce mois à trois heures aprés midi, son Testament a été ouvert, immédiatement aprés, avec les solemnitez de Droit. Il s'y est trouvé une clause, dont la copie est ci-jointe, dans laquelle il nomme pour son Successeur en tous ses Royaumes, Etats, & Seigneuries, le Serenissime Duc d'Anjou, fils du Serenissime Dauphin, avec les charges & conditions, qui y sont exprimées; & une autre clause, dont la copie est pareillement ici, contenant la forme qu'il donne au Gouvernement de la Monarchie, jusques à ce que son Successeur puisse la gouverner lui-même. Et la nuit du même jour, il s'en est donné avis au Roi Tres-Chrêtien, en lui envoyant aussi les copies citées dans la Lettre (de la Reine) adressée au Marquis de Castel-dos-Rios, pour la remettre entre les mains de Sa

duplicado con extraordinario, que
despachare esta noche, y nueva carta
con las expressiones que mas acredi-
tan nuestro mayor desseo. Y por orden
de la Reyna mi Señora, y los Governadores, pongo todo lo referido en noticia del Sᵒʳ Enviado. Madrid à 3.
de Noviembre de 1700.

UBILLA.

Secunda Carta de los Governa-
dores al Rey Christianissimo.

SEÑOR,

En Carta de primero del corriente,
dirigida con expresso, de mos quenta
à V. M. de haver aquel dia à las tres
de la tarde, llevadose Dios para si al
Rey Don Carlos, nuestro Señor remi-
tiendo à V. M. copia de la clausula
que se hallo en su Testamento, nombrado por successor en todos sus Reynos

Majesté , ainsi qu'il lui est ordonné par une Lettre, dont la copie est avec celle-ci : & l'un & l'autre s'envoye double par un Courrier extraordinaire que je dépêcherai cette nuit , avec une nouvelle Lettre , qui marque l'empressement , que nous avons de voir nôtre nouveau Roi. Et par le commandement de la Reine , ma Maîtresse, & des Régens , je communique tout ce que dessus à Monsieur l'Envoyé. A Madrid , le 3. de Novembre 1700. UBILLA.

Seconde Lettre des Régens au Roi.

SIRE,

DANS une Lettre du premier de ce mois, envoyée par un exprés, nous donnâmes avis à Vôtre Majesté, què Dieu avoit apellé à soi le Roi Charles, nôtre Seigneur & Maître;& nous joignimes à cette Lettre la copie d'une clause qui s'est trouvée dans son Testament , par laquelle il nom-

al Sereniſſimo Señor Duque de Anjou,
hijo del Sereniſſimo Delphin, con las cir-
cunſtancias que en ella ſe contienen, y
tambien de otra, en que Su Mageſtad,
que aya gloria, deja diſpueſta una Iunta de los Miniſtros, que ya formada eſt
à, para el govierno univerſal de la
Monarquia, en el interin que ſu ſuceſſor en ella pueda por ſi governala. Y por
que en el conflicto de aquel dia no pudi-
mos hazer à V. M. mas vivas expreſſiones, lo executamos aora, manifeſtan-
do à V. M. que ſentiendo el inexcuſa-
ble dolor del dueño, que hemos perdido,
nos vivifica, alienta, y conſuela el que
Dios nos ha dado, y vemos nombrado
in ſu Teſtamento; pudiendo aſſegurar à
V. M. la impaciencia, conque ya vi-
ven eſtos Reynos, de gozar de ſu dominio. Pues aunque antes ſe pudiera tambien aſſegurar, era eſte el animo de todos, no haviendo ſuceſſion legitima del
Rey nueſtro Señor, que aya gloria, ſe
vè oy con tanta razon aſſiſtide de ſangre,
derechos, y voluntades. Y aſſi pedimos à
V. M. que ſin dilacion, ſe empiece por el
digniſſimo ſuceſſor de eſta Monarquia, à
diſponer de ſus Señorios en la forma que

n'avoit

me pour Succeſſeur en tous ſes Royaumes le Sereniſſime Duc d'Anjou , fils du Sereniſſime Dauphin , avec les circonſtances qui y ſont con-tenuës ; comme auſſi la copie d'une autre , où Sa Majeſté, que Dieu abſolve,établit une *Iunte* de Miniſtres (qui eſt déja formée) pour le gouvernement general de la Monarchie , juſques à ce que ſon Succeſſeur puiſſe la gouverner , lui-même. Mais comme dans le rude aſſaut de ce jour-là , il nous fut impoſſible d'exprimer plus vivement les ſentimens de nôtre cœur à Vôtre Majeſté , nous le faiſons aujourd'hui , en lui témoignant , que , bien que nous regretions avec une juſte douleur , le Maître que nous venons de perdre ; celui, qu'il nous a donné par ſon Teſtament , nous fait revivre , & releve nos eſperances , à tel point , que Nous & tous ces Peuples , noûs attendons avec impatience le bonheur de vivre ſous ſa domination. Car outre que l'on pourroit aſſeurer avec verité , que tel étoit auparavant le deſir unanime de cette Nation , voyant , que le Roy Charles

G

que eſtemos conſolados , à gozar
de ſu dominio. Y para eſto , como
coſa propia , le ofrecemos deſde
luego , la promptitude en quanto ſea concerniente à que los
goze, y poſſea con la mayor tranquilidad , y la felicidad que le
annunciamos. A cuyo fin quedamos y eſtaremos con la obediencia, promptitud , y conſtante voluntad , que experimentara en
qualquier acontecimiento , grande ò pequeños ; que todo parece-
rà menos en comparacion de lo
mas que deſſeamos acreditar
nueſtro afecto , y fidelidad en
todo. Nueſtro Señor guarde la
Chriſtianiſſima perſona de V. M.
como es meneſter. Madrid à 3.
de Noviembre 1700.

n'avoit point d'Enfans légitimes ; le
Prince qu'il a choifi , fe trouve aujourd'huy apuyé & fortifié du fang,
du droit, & de l'inclination generale. C'eft pourquoi nous demandons
à Vôtre Majefté que le digne Sucef-
feur de cette Monarchie commence,
fans differer , à difpofer de fes Etats,
afin que nous ayons bien-tôt la confo-
lation de joüir de la douceur de fon
gouvernement. Et pour cela, nous lui
offrons dés maintenant, comme chofe
qui lui appartient en propre, nos foins
& nos fervices en tout ce qui pourra
lui faciliter les moyens de poffeder ces
Royaumes avec la tranquillité & la
felicité, que nous lui annonçons. Cependant, nous reftons & refterons avec
une obeïffance , une promptitude , &
un attachement fincere & conftant,
qu'il éprouvera dans tous les évenemens, grands & petits; & tout cela nous
paroîtra peu de chofe en comparaifon
du defir ardent , que nous avons de le
bien perfuader en tout de nôtre fidelité & de nôtre amour, Dieu garde la
perfonne de V. M. T. C. comme il en eft
befoin. A Madrid le 3. de Nov. 1700,

G ij

YO LA REYNA.

EL CONDE DON MANUEL ARIAS.
EL OBISPO INQUISIDOR GENERAL.
DON RODRIGO MANUEL.
EL CONDE DE BENAVENTE.

Tercera Carta de los mismos al mismo.

SEÑOR,

En consequencia de lo que con extraordinario escrivimos à Vuestra Magestad, en el ;. del corriente, con motivo del fallecimiento del Rey nuestro Señor, que aya gloria, y estando'ya en toda forma el Testamento y Cobdicillo que dejo, y ofrecimos remitir à V. Mag. le passamos à manos de V. M. con este expresso, para que se halle en mas caval conocimento de todas sus circunstancias : y con esta ocasion, como lo repetiremos en todas, hazemos à V. Mag. nueva expression y manifestacion, de que la Nobleza,

MOI LA REINE.

Le Comte Don Manuel Arias.
L'Evesque Inquisiteur General.
Don Rodrigue Manuel.
Le Comte de Benavent.

Troisiéme Lettre des Régens au Roi.

SIRE,

En consequence de ce que nous écrivímes à Vôtre Majesté par un Courrier extraordinaire, dépêché le 3. de ce mois, au sujet de la mort du Roi nôtre Maître, que Dieu absolve, offrant de lui remettre le Testament & le Codicille qu'il a laissez, lesquels étoient prêts dés-lors ; nous lui envoyons l'un & l'autre par cet exprés, afin qu'elle ait une connoissance entiére de toutes les circonstances qu'ils contiennent : nous servant de cette occasion, (comme nous ferons de

y pueblos, eſtan clamando por el Rey, que vien nombrado, con las mayores an-ſias, y ſeguridades, para no imaginar à ſentir ni conſentir à coſa alguna que pue-da ſer variacion en eſte gran negocio; y uniformes en mantenerle, como eſtan en conocimiento, deven hazerlo, por juſti-cia, razon, y voluntad. Lo qual ponemos en la conſideracion de V. M. para que por eſtas tan reiteradas expreſſiones ſe digne, y le muevan à ganar los inſtantes en las diſpoſiciones, de que gozemos el dominio del nombrado, que con tantas anſias ſe deſſea, y aguarda con ſingulares gozos, y aclamaciones, manifeſtados y muy ſegu-ros en eſte poco tiempo, y cada dia mas permanentes; pues aunque el Govierno y Corte nunca pudo poner duda en los aplauſos, y obediencia de lo que ſe viò en el Teſtamento del Rey nueſtro Señor, que Dios tiene, experimentando en cada momento en la Corte, Nobleza, y pue-blos y aviſos, que por inſtantes llegan de la Ciudales, la alabança del Rey, que Dios nos ha concedido; y el anhelo de te-nerlo, yà en el mando; devemos repetir à V. M. eſtas vivas y ciertas expreſſio-nes, con la ratification de los nuevos y

toutes les antres ;) pour dire à Vôtre Majesté que la Noblesse & les Peuples demandent leur nouveau Roy avec des inquiétudes & des detresses inconcevables : de sorte que , bien loin de vouloir préter l'oreille ni consentir à aucune nouveauté ou variation dans cette grande affaire , ils sont tous dans la même résolution de la soûtenir & maintenir , étant aussi persüadez qu'ils le sont , de la justice & de la raison de cette Cause. Ce que nous representons à Vôtre Majesté pour la résoudre à donner promptement à nos prieres , & à nos instances réïterées , un Prince qui est si desiré, & atendu avec des acclamations, qui s'augmentent de jour en jour ; outre les avis , que nous recevons à tous momens , des applaudissemens faits au Testament du feu Roi , accompagnez des loüanges de celui , que Dieu nous a donné , & des vœux , avec lesquels on aspire à le voir en possession du Commandement. A ces vives, & tendres expressions , nous ajoûtons la ratification de toutes les offres sinceres , que ces Royaumes font, en

finceros ofrecimientos de todo lo que eftos Reynos, en commun y en particular, valieren y pudieren en obfequio de fu Rey y Señor, que eftan efperando: no fiendo de omitir en nueftra buenaley à V. M. la congratulation, de que vea un nieto fegundo fuyo nombrado y aclamado Rey de Efpana, con las fingulares circunftancias que eftan fucediendo. Nueftro Señor guarde la Chriftianiffima perfona de V. M. como es menefter. Madrid à 7. de Noviembre 1700.

YO LA REYNA.

EL CONDE MANUEL ARIAS.

D. RODRIGO MANUEL.

EL CONDE DE BENAVENTE.

DON ANTONIO DE UBILLA Y MEDINA.

general & en particulier, de tout ce qu'ils pourront faire pour le service du Roi qu'ils attendent ; & la congratulation, que nous devons à Vôtre Majesté de voir le second de ses petits fils nommé & proclamé Roi d'Espagne , avec des circonstances aussi singulieres, que le sont celles qui se rencontrent en cette conjoncture. Dieu garde la personne de Vôtre Majesté Tres-Chrêtienne , comme il en est besoin. A Madrid , le 7. de Novembre 1700.

MOI LA REINE.

LE COMTE MANUEL ARIAS.

DON RODRIGUE MANUEL.

LE COMTE DE BENAVENT.

REPONSE DU ROI
A LA JUNTE.

TRES-HAUTE, Tres-Puiſ-
ſante, & Tres-Excellente
Princeſſe , nôtre tres - chere,
& tres amée bonne Sœur &
Couſine ; Tres-chers & bien-
amez Couſins , & autres du
Conſeil établi pour le Gouver-
nement univerſel des Royau-
mes & Etats dépendans de la
Couronne d'Eſpagne. Nous
avons reçû la Lettre ſignée de
Vôtre Majeſté , & de Vous,
écrite le premier de ce mois.
Elle Nous a été renduë par le
Marquis de Caſtel dos - Rios,
Ambaſſadeur de Tres - Haut,

Tres-Puiſſant,& tres Excellent Prince,nôtre tres-cher & tres-amé bon Frere & Couſin, CHARLES II.Roi des Eſpagnes, de glorieuſe memoire.Le même Ambaſſadeur nous a remis les clauſes du Teſtament fait par le feu Roi ſon Maître, contenant l'ordre & le rang des Heritiers , qu'il appelle à la Succeſſion de tous les Royaumes & Etats ; & la ſage diſpoſition qu'il fait pour le Gouvernement de ces mêmes Royaumes, juſqu'à l'arrivée & juſqu'à la majorité de ſon Succeſſeur. La ſenſible douleur , que nous avons de la perte d'un Prince, dont les qualitez & les étroites liaiſons du ſang , nous rendoient l'amitié tres-chere , eſt infiniment augmentée par les marques touchantes qu'il nous

donné à sa mort, de sa justice, de
son amour pour des Sujets fidelles , & de l'attention qu'il ap-
porte à maintenir au de-là du
temps de sa vie , le repos general de toute l'Europe, & le bonheur de ses Peuples. Nous vou-
lons de nôtre part contribuër
également à l'un & à l'autre, &
répondre à la parfaite confian-
ce,qu'il nous a témoignée.Ain-
si nous conformant entierement
à ses intentions marquées par
les Articles du Testament que
Vôtre Majesté, & Vous, nous
avez envoyez , tous nos soins
seront desormais de rétablir par
une Paix inviolable , par l'intelligence la plus parfaite , la
Monarchie d'Espagne au plus
haut point de gloire où jamais
elle ait été. Nous acceptons
pour nôtre petit fils , le Duc

d'Anjou , le Teſtament du feu Roi Catholique : Nôtre fils unique le Dauphin l'accepte auſſi , il abandonne ſans peine les juſtes droits de la feuë Reine ſa mere, & Nôtre tres chere Epouſe , reconnus inconteſtables , auſſi-bien que ceux de la feuë Reine, nôtre tres honorée Dame & mere , par les avis des differens Miniſtres d'Etat & de Juſtice , conſultez par le feu Roi d'Eſpagne. Loin de ſe reſerver aucune partie de la Monarchie, il ſacrifie ſes propres interêts au deſir de rétablir l'ancien luſtre d'une Couronne , que la volonté du feu Roi Catholique, & la voix de ſes Peuples, déferent unanimement à nôtre petit fils. Ainſi nous ferons partir inceſſamment le Duc d'Anjou , pour donner au plûtôt à des Sujets fideles la conso'ation de recevoir un Roi bien perſuadé que Dieu l'appellant au Thrône, ſon premier devoir eſt de faire regner avec lui la Juſtice & la Religion: Qu'il doit donner ſa principale application à rendre ſes Peuples heureux, à relever & à maintenir l'éclat d'une auſſi puiſſante Monarchie : Qu'il eſt obligé de connoître parfaitement & de recompenſer le merite de ceux qu'il trouvera (dans une Nation également brave & éclairée) propres à le ſervir dans ſes Conſeils, dans ſes Armées, & dans les differens emplois de l'Egliſe & de l'Etat. Nous l'inſtruirons encore de ce qu'il doit à des Sujets inviolablement attachez à leurs Rois, de ce qu'il doit à ſa propre gloi-

re : Nous l'exhorterons à se fou-
venir de fa naiſſance, à conſerver l'amour de ſon Païs ; mais.
uniquement pour maintenir à
jamais la Paix & la parfaite intelligence , ſi neceſſaires au
commun bonheur de nos Sujets
& des ſiens. Elle a toûjours été
le principal objet de nos ſou-
haits, & ſi les malheurs des con-
jonctures paſſées ne nous ont
pas permis de le faire connoître,
nous ſommes perſuadez, que ce
grand évenement va changer
l'état des choſes ; de ſorte que
chaque jour nous produira de-
deformais de nouvelles occa-
ſions de marquer nôtre eſtime
& nôtre bien-veüillance particuliere pour toute la Nation
Eſpagnole. Cependant nous
prions Dieu , auteur de toutes
conſolations, qu'il donne à Vô-

tre Majesté celles, dont elle à besoin dans sa juste affliction; & nous vous assurons, Tres-Haute, Tres-Excellente, & Tres-Puissante Princesse, nôtre tres-chere & tres-amée bonne Sœur & Cousine, Tres-chers & bien amez Cousins, & autres du Conseil établi pour le gouvernement d'Espagne, de l'estime particuliere & de l'affection, que nous avons pour vous. Ecrit à Fontainebleau le 12. Novembre 1700. Au dessous est écrit: De vôtre Majesté, bon Frere & Cousin. Signé LOUIS. Et plus bas, COLBERT. Et au dessus de cette Lettre est écrit: A Tres-Haute, Tres-Excellente, & Tres-Puissante Princesse, nôtre tres-chere & tres-amée bonne Sœur & Cousine, la Reine d'Espagne, & à nos tres-chers

& bien amez Coufins, & autres
du Confeil établi pour le gouvernement univerfel des Royaumes & Etats dépendans de
la Couronne d'Efpagne, avec
un cachet du grand Sceau
fecret.

Quarta Carta de los Governadores al Rey Christianiſſime.

Señor,

Con motibo de haver pueſto en la Real noticia de V. Mag.ᵈ el deſconſuelo, con que nos hallavamos del fallecimiento de nueſtro amado Rey y Señor Don Carlos de glorioſa memoria, y la juſtificadiſſima y prudente diſpoſicion, que dejò en ſu Teſtamento, llamando para la entera y uniberſal ſuceſſion de todos los Dominios de ſu Corona al nuebo ya Rey nueſtro Señor Don Phelipo Quinto de eſte nombre, antes Duque de Anjou, ſiempre feliz nieto de V. Mag.ᵈ y dando forma para el govierno en interin de ellos; ſe digna V. Mag.ᵈ con gran reconocimiento nueſtro, manifeſtar en carta de 12. del corriente, el

Quatrieme Lettre des Regens au Roy.

S IRE,

SUR l'avis que nous avons donné à Vôtre Majesté de l'affliction, où nous étions à cause de la mort de nôtre tres-aimé Roi & Maître Don Carlos de glorieuse memoire,& de la prudente & incontestable disposition qu'il a faite dans son Testament, en apellant à l'entiere & universelle succession de tous ses Etats le nouveau Roi Don Philippe V. nôtre Seigneur & Maître, auparavant Duc d'Anjou, toûjours heureux petit fils de V. M. & en donnant par *interim* une forme pour les gouverner ; Elle a bien daigné (& nous en avons une grande reconnoissance) nous témoigner par sa lettre du 12. du courant, la sensible douleur, que lui a causée la perte d'un si grand Prince ; & nous déclarer qu'elle acceptoit & aprouvoit le contenu du Testament du feu

sensible dolor, que le ha causado
la perdida de tam gran Principe,
declarandonos V. M. su real acep-
tacion y aprobacion de lo dispuesto
por el Testamento de la Magestad
defunta, revalidandolo con todas
aquellas firmezas, que mas pueden
afianzar para siempre la possession
de tanta herenzia. Y despues de
dar à V. Mag.ᵈ las mas afectuosas,
y reverentes gracias por esto, y por
las singulares expressiones con que
V. Mag.ᵈ nos favorece y honrra, assi à nos otros en particular, como
a lo general de la Nacion Españo-
la; (propias solo del magnanimo
corazon de tam esclarecido Mo-
narcha) podemos assegurar a V.
Mag.ᵈ que la alta previdencia de
V. Mag.ᵈ supo premiar anticipa-
damente el imponderable regozijo,
y demonstraciones de jubilo y ale-
gria, con que aun en medio de nuestro sumo desconsuelo hizo treguas

Roi , le confirmant & autorisant a-
vec toutes les formes & précautions,
qui peuvent asseurer pour jamais la
possession d'un si grand heritage.
C'est pourquoi , après avoir rendu
à V. M. les actions de graces les plus
tendres & les plus respectueuses que
nous lui devons pour cette acceptation, & pour les témoignages singu-
liers d'estime & de bonté, dont il lui a
plû de nous honorer , & nous en particulier , & toute la Nation Espagno-
le en general ; (manieres propres &
caracteristiques du cœur magnanime
d'un Monarque si fameux) nous la
pouvons assurer , que par sa haute
prevoyance, elle a sçû recompenser,
par anticipation, les demonstrations
d'allegresse , qui au milieu de la
consternation , que nous causoit la
perte que nous venions de faire,
nous ont fait bannir la douleur , pour
celebrer en cette Cour avec un aplau-
dissement general la lettre Obligean-
te de V. M. Nous croyons bien, Sire , que le nouveau Roi viendra in-
struit , ainsi que V. M. nous le pro-
met , en toutes ces hautes , pruden-

el dolor de la reciente perdida, para celebrarſe con general aplauſo
en eſta Corte la real carta de V.
Magᵈ creemos bien, Señor, que el
nuebo Rey nueſtro Señor vendrà
inſtruydo, como V. Magᵈ ſe ſirve
expreſſarnos; en la chriſtianas, ju-
ſtificadas, altas, y prudentes ma-
ximas que havra bien aprendido
de tanto glorioſo aſcendiente, y
principaliſſimamente del proſpere
aceytadiſſimo Reynado de V. M.
y que debajo de uno y otro ſovera-
no auſpicio veremos reverdezer
en ſu frente los mas dignos laure-
les. Quedamos con eſta nueba obligacion y reconocimiento., para
mantener perpetuamente en nueſtros corazones, y memoria tan ſe-
guras y ſavias reglas, que nos den
actibo ſtimulo para ſu major exaltacion, y de eſta Monarquia, y para
cultivar mas y mas la amiſtad,
eſtrecha union, y buena correſpon-

tes, & chrêtiennes maximes , qu'il
aura , sans doute , bien aprises sous
la difcipline d'un fi glorieux , fi
heureux , & fi habile. Ayeul ; &
que, fous les aufpices de l'un & de
l'autre , nous verrons reverdir les
Lauriers fur fon augufte front. Cette nouvelle obligation nous fera
conferver à jamais dans nos cœurs,
& dans nôtre memoire , des regles
fi fages & fi feûres ; & ces regles feront pour nous de vifs & puiffans
éguillons, pour procurer en tout fon
exaltation , & celle de cette Monarchie ; & pour cultiver toûjours de
plus en plus une étroite amitié, union
& correfpondance entre les Sujets
des deux Couronnes. Nous nous fé-
licitons d'avoir enfin rencontré l'heureux fiecle, dans lequel la Providence
Divine avoit ordonné , que fût indif-
folublement étreint ce nœud Royal,
que le malheur des tems , & la jaloufie, que la valeur & la puiffance nour-
riffoient entre les deux Nations ,
avoient toûjours denoüé. Nous, &
tous ces fidelles Vaffaux, nous foûpi-
rons avec impatience , & avec inquie-

dencia entre los subditos de ambas
Coronas. Damonos el parabien de
haver alcanzado el felix siglo, en
que la alta providencia divina
tenia dispuesto , que huviesse de
lograrse este real indissoluble la-
zo, que tuvo de sunido la injuria,
y accidentes de los tiempos , y los
precisos emulos , que produzia el
envidiado valor, y poder de las dos
naciones. Estamos, y estan ya todos
estos fideles Vassallos impacientes
en los anhelos , y en las ansias de
ver a su amavilissimo Rey , y assi
rendimos nuebas gracias à V. M.
por el gran favor de prometernos
subreve venida; y ganando las horas en lo que puede estar de nuestra parte , se ha dando ordenes
promptas para las proclamacio-
nes , y levantar pendones , assi en
estos Reynos , como en los de afue-
ra; haviendose executado ya por
lo que toca à esta Corte; no pudien-
tude,

tude, dans l'atente de nôtre tres-
aimable Roi , & fur la promeſſe
que V. M. nous fait , que nous le
verrons bien-tôt ; (faveur , dont
nous lui faiſons de nouveaux re-
mercimens :) nous comptons toutes les heures , & pour les avancer
en tout ce qui peut dépendre de
nos ſoins , nous avons donné les
ordres , pour le faire proclamer a-
vec les ceremonies accoûtumées ,
dans le Royaumes d'Eſpagne , &
dans les autres Etats , qui en dépendent : & cela s'eſt déja executé
en cette Cour , à l'exemple de laquelle on ne peut douter, ſelon les
avis que nous avons reçus , que ne
ſe conforment toutes les Provinces , qui compoſent le cercle de
cette Couronne , atendu l'union
qu'elles ont toûjours conſervée entre elles : d'où il arrivera, que par
une noble émulation , elles ſe feront
un point d'honneur , de celebrer à
l'envi cet heureux évenement , &
de redoubler leurs prieres & leurs
vœux pour la ſanté , proſperité, &
longue vie de V. M. comme nous le

do dudar por los avisos, que ya hemos tenido de los Reynos de España, y por la plausible union, que
siempre han mantenido entresi todas las Provincias, que han com-
puesto el circulo de su Corona, que
se competiran con noble emulacion
à celebrar esta dicha, y à repetir
sus clamores, deprecaciones, y votos, para la mas feliz salud, y di-
latada vida de V. Mag.d como des-
seamos, y la Christiandad ha menester. Madrid à 26. de Noviembre de 1700.

YO LA REYNA.

El Card. Portocarrero.
D. Manuel Arias.
D. Ferd.do de Aragon.
El Obispo Inq. General.
D. Rodrigo Manuel Manrriquè
   de Lara.
El Conde de Benavente.
D. Antonio de Ubilla y Medina.

deſirons, & comme la Chrêtienté en a beſoin. A Madrid, le 26. de Novembre de l'an 1700.

MOI LA REINE.

Le Card. Portocarrero.
Don Manuel Arias.
Don Ferdo de Aragon.
L'Inquisiteur General.
Don Rodrigue Manuel
    Manrrique de Lara.
Le Comte De Benavent.

TRAITÉ

ENTRE LE ROY

TRES-CHRE'TIEN,

LE ROY DE LA

GRAND BRETAGNE,

ET LES SEIGNEURS

ETATS GENERAUX,

DES PROVINCES UNIES.

SOIT notoire à tous ceux qui ces presentes verront, que le Sereniſſime & Tres-Puiſſant Prince LOUIS XIV. par la grace de Dieu Roi Tres Chrêtien, de France & de Navarre, &c. & le Sereniſſime & Tres-puiſſant Prince Guillau-

me III. aussi par la grace de Dieu
Roi de la Grande Bretagne, &c.
& les Seign. Etats Generaux des
Provinces Unies des Païs Bas,
n'ayant rien de plus à cœur que
de fortifier par de nouvelles
liaisons la bonne intelligence
retablie entre Sa Majesté Tres-
Chrêtienne, Sa Majesté Bre-
tanique & les Seigneurs Etats
Generaux par le dernier Traité conclu à Risvvich , & de
prevenir par des mesures prises à tems, les évenemens qui
pourroient exciter de nouvelles guerres dans l'Europe, ont
donné pour ces effets leur plein
pouvoir pour convenir d'un
nouveau Traité , sçavoir Sadite Majesté Tres-Chrêtienne
au sieur Camille d'Autun Comte de Tallard Lieutenant General des Armées du Roy & de
sa Province de Dauphiné, Am-

H iij

baſſadeur extraordinaire de
France en Angleterre, & à
Sieur Gabriel Comte de Briord,
Marquis de Senoſan, Conſeiller
du Roy dans ſes Conſeils &
ſon Ambaſſadeur extraordinaire auprés deſdits Seigneurs
Etats Generaux des Provinces
Unies des Païs-Bas : Sa Majeſté
Britanique au ſieur Guillaume
Comte de Portland, Vicomte
de Girinceſter, Baron de Wo-
odſterck, Chevalier de la Jar-
retiere & Conſeiller du Roy en
ſon Conſeil privé, & au ſieur
Edoüard Comte de Jerſei Vicomte de Wrilliers, Baron de
Horn Chevalier Maréchal
d'Angleterre, premier Secretaire d'Etat & Conſeiller du
Roy en ſon Conſeil privé ; &
leſdits Seigneurs Etats Gene-
rau au ſieur Jean Waheſſen
Bourgmeſtre & Senateur de la

ville de Zutphen, Curateur de
l'Université de Hardevick,
Baron de Puide, Seigneur de
Lur, sieur Antoine Heinsius
Conseiller Pensionnaire, Garde
du grand Sceau, &c. Sur-inten-
dant des Fiefs de la même Province, sieur Guillaume de Naf-
sau Seigneur d'Odick Cortin-
gien, & premier Noble repre-
sentant la Noblesse des Etats,
& Député Conseiller de Zelan-
de, sieur Everard de Waide
Seigneur de Waide d'Yokville,
Ratelles & Seigneur Forestier
de la ville d'Audevabed, Doïen
& Escolastre du Chapitre Im-
périal de sainte Marie à Utrech,
Diekgrave de la riviere du
Rhin dans ladite Province,
sieur Guillaume Vanheren,
Gusmandec Biod, député de
la Noblesse aux Etats de Frise
& Curateur de l'Université de

Francker , sieur Arnaud le Mayer Bourgmestre de la Ville de Deventer & sieur Jean Verkente Senateur de la Ville de Groeningue;tous Deputez dans l'Assemblée des Seigneurs Etats Generaux de la part des Etats de Gueldres Hollande Westfrise,Zelande,Utrech,Frise,Ovverissel & Groeningue,lesquels en vertu desdits pouvoirs sont eonvenus des Articles suivans.

ARTICLE I.

La Paix rétablie par le Traité de Risvvich entre sa Majesté Tres Chrêtienne, sa Majesté Britannique & les Seigneurs Etats Generaux des Provinces Unies des Païs Bas, leurs Heritiers & Successeurs, leurs Roïaumes, Etats & Sujets, sera ferme & constante ; & leurs Majestés & lesdits Seigneurs Etats Generaux feront reciproquement tout ce qui pourra contribuer à l'avantage & à l'utilité l'un de l'autre.

II.

Comme le principal sujet que sa Majesté Tres-Chrêtienne, sa Majesté Britannique & les Seigneurs Etats Generaux se proposent, est celui de maintenir la tranquillité generale de l'Europe, ils n'ont pû voir sans douleur que l'état de la santé du Roy d'Espagne soit depuis quelque tem devenu si languissât, qu'il y a tout à craindre pour la vie de ce Prince, quoiqu'ils ne puissent tourner leurs pensées du côté de cet évenement sans affliction par l'amitié sincere & veritable qu'ils ont pour lui, ils ont cependant estimé qu'il étoit d'autant plus necessaire de se pourvoir, que sa Majesté Catholique n'ayant

point d'enfans, l'ouverture de
la succession exciteroit infail-
liblement une nouvelle guerre, si le Roy Tres-Chrétien
soutenoit ses pretentions, celles de Monseigneur le Dauphin
& de ses descendans sur toute
la succession d'Espagne, & que
l'Empereur voulut aussi faire
valloir ses pretentions, celles
du Roy des Romains, de l'Archiduc son second fils, ou ses
autres enfans mâles ou femelles sur ladite succession.

I I I.

Et comme lesdits deux Seigneurs Rois & les Seigneurs
Etats Generaux desirent sur
toutes choses la conservation
du repos Public & d'éviter une
nouvelle guerre en Europe par
un accommodement des diffi-
cultez & differents qui pourroient resulter au sujet de ladite

fucceſſion , ou par l'ombrage
de trop d'Etats reünis! ſous un
méme Prince , ils ont trouvé
bon de prendre par avance des
meſures pour prevenir les malheurs que le triſte événement
du Roy Catholique ſans enfans
pourroit produire.

IV.

Ainſi a été accordé & con-
vénu que ſi le ſuſdit cas arrivoit,
le Roy Trés-Chrétien tant en
ſon propre nom qu'en celui de
Monſeigneur le Dauphin, ſes
enfans mâles ou femelles, heritiers & ſucceſſeurs nez ou à
naitré, comme auſſi Mondit Sei.
gneur le Dauphin pour ſoi méme ſes enfans mâles ou femel-
lés, heritiers & ſucceſſeurs nez
ou à naitre, ſe tiendront ſatisfaits, comme ils ſe tiennent ſatisfaits pour le preſent, moyennant que Monſeigneur le Dau-

phin ait pour son partage en
toute proprieté possession pleniere & extinction de toutes ses pretentions sur la succession d'Espagne, pour en joüir
luy, ses heritiers successeurs
descendans mâles ou femelles
nez ou à naitre à perpetuité,
sans pouvoir estre jamais troublé sous quelque pretexte de
droit ou de pretention, directement ou indirectement, mê-
me par cession, appel, revolte, ou
autre voye de la part de l'Empereur, du Roy des Romains, du
Serenissime Archiduc Charles son second fil, des Archiduchesses, de ses autres enfans
mâles ou femelles & descendans
ses heritiers & successeurs nez
ou à naitre, les Royaumes de
Naples & de Sicile en la maniere que les Espagnols les posse-
dent presentement, les Places

dependantes de la Monarchie
d'Espagne situées sur la côte de
Toscane ou Isles adjacentes,
comprises sous le nom de an
Stephano, Porto Ercole Orbi-
telle, Telamone Portolongone
& Piombino, en la maniere ainsi que les Espagnols les tiennent
presentement ; la Ville & le
Marquisat de Final en la maniere pareillement que les Espagnols le tiennent, la Province de
Guispuscoa, nommement la ville de Fontarabie & celle de saint
Sebastien situées dans cette
Province, & specialement le
le Port du passage qu'y est compris, avec cette réstriction seulement que s'il y a quelques
lieux dependans de ladite Province, qui se trouvent situez au
delà des Pirenées, ou autres mó-
tagnes de Navarre d'Allarice
& de Biscaïe du côté de l'Espa-

gne, ils resteront à l'Espagne; &
s'il y a quelques lieux pareillement dependans des Provinces
soumises à l'Espagne qui soient
en deçà des Pirenées, ou autres
Montagnes de Navarre, d'Allaüe ou de Biscaïe du côté de
la Province de Guipuscoa, ils
resteront à la France ; & les
Trajets des Montagnes qui se
trouveront entre les Montagnes
de Guipuscoa, Allaüe & Biscaïe, à qui qu'elles appartiennent seront partagées entre la
France & l'Espagne; en sorte
qu'il restera autant desdites
Montagnes & Trajets à la France de son côté, qu'il en restera
à l'Espagne du sien ; Le tout
avec les fortifications, muni-
tions de guerre, poudres, bou-
lets, canons & chiourmes, qui
se trouveront appartenir au
Roy d'Espagne, lors de son de-

ceds sans Enfans , & être attachez aux Roïaumes , Places,
Isles & Provinces qui doivent
composer le partage de Monseigneur le Dauphin ; Bien en-
tendu que les Galeres, Chiourmes & autres effets appartenans au Roy d'Espagne pour le
Roïaume d'Espagne & autres
Etats qui tombent au partage
du Serenissime Archiduc, luy
resteront, celles qui appartiennent aux Roïaumes de Naples
& de Sicile , devant revenir à
Monseigneur le Dauphin, ainsi
qu'il a été dit cy-dessus.

De plus les Etats de Monsieur
le Duc de Lorraine , à sçavoir
les Duchez de Lorraine & de
Bar , ainsi que le Duc Charles
IV. du nom , les possedoit , &
tels qu'ils ont été rendus par le
Traité de Risvvich , seront ce-
dez à Monseigneur le Dau-

phin , ſes enfans Heritiers ſucceſſeurs mâles ou femelle nez,
ou a naître en toute proprieté
& poſſeſſion pleniere, à la place du Duché de Milan , qui ſera
cedé & tranſporté en échange
audit Seigneur Duc de Lorraine, ſes enfans mâles ou femelles
Heritiers deſcendans & ſucceſſeurs nez ou a naître à toute
proprieté & poſſeſſion pleniere , lequel ne refuſera pas un
parti ſi avantageux ; bien en-
tendu que le Comté de Bich
appartenant à Mr. le Prince de
Vaudemont, reſtera audit Prince , lequel rentrera dans la poſſeſſion des Terres dont il a joüi
cy-devant, ou qui lui ont été
ou dû eſtre renduës en execution du Traité de Riſvvich ;
moyennant leſquels Royaumes,
Iſles, Provinces, & Places, ledit
Roi tres-Chrêtiens , tant en

son propre nom, qu'en celui de
Monseig. le Dauphin, ses enfans
mâles ou femelles , Heritiers &
Successeurs nez ou a naître , lequel à aussi donné son plein pouvoir pour cet effet aud. Côte de
Tallard & audit sieur Comte de
Briord, promettant & s'engageât
de renoncer lors de l'ouverture de ladite succession d'Espagne, comme en ce cas il renonce
dés à present par celles-cy , à
tous droits & pretentions sur
ladite Couronne d'Espagne &
sur tous ses autres Royaumes,
Isles, Etats, Païs, & Places, qui
en dependent presentement , à
l'exception de ce qui est énoncé cy dessus pour son partage ;
& de tout cela ils en feront expedier des Actes solemnels dans
la plus forte & meilleure forme qu'il se pourra, & qui seront
delivrez au tems de l'échange

des ratifications du preſent
Traité , au Roi de la Grande
Bretagne & aux Seigneurs Etats
Generaux.

V.

Toutes les Villes, Places &
Ports ſituez dans les Royaumes
& Provinces qui doivent com-
poſer le partage dudit Seigneur
Dauphin, ſeront conſervez ſans
eſtre demolis.

V I.

Ladite Couronne d'Eſpagne
& les autres Royaumes , Iſles,
Etats , Païs & Places que le Roi
Catholique poſſede preſente-
ment , tant dedans que dehors
de l'Europe , ſeront donnez &
aſſignez au Sereniſſime Archiduc Charles, II. fils de l'Empereur , à l'exception de ce qui a
été denommé dans l'Art. I V.
qui doit compoſer le partage
de Monſeigneur le Dauphin &

du Duché de Milan, en conformité dudit Article IV. en toutes
ses pretentions sur ladite succession d'Espagne, pour en joüir
luï, ses successeurs & Heritiers
nez & a naître, à perpetuité sans
pouvoir estre jamais troublé
sous quelque pretexte que ce
soit de Droit, directement ny
indirectement, même par cession, appel revolte ou autre
voye de la part du Roi Tres-
Chrêtiens de Monseigneur le
Dauphin ou de ses enfans mâles ou femelles, ses Heritiers ou
successeurs nez ou a naître,
moyennant laquelle Couronne
d'Espagne & autres Royaumes,
Isles, Etats, Païs, & Places qui
en dependent, l'Empereur tant
en son propre nom qu'en celui
du Roi des Romains, du Sere-
nisime Archiduc Charles son
second fils, des Archiduchesses

ſes filles, ſes enfans, leurs enfans
mâles ou femelles nez ou a naître, comme auſſi le Roi des Romains, pour lui & le Sereniſſime
Archiduc Charles dés qu'il ſera majeur pour lui même, leurs
enfans Heritiers & ſucceſſeurs
mâles ou femelles nez ou a naître, ſe tiendront ſatisfaits que
le Sereniſſime Archiduc Charles, ait en extinction de toutes
leurs pretentions ſur la ſuccef-
ceſſion d'Eſpagne, ladite ceſſion
faite cy deſſus, & ledit Empereur tant en ſon propre nom
qu'en celui du Roi des Romains, du Sereniſſime Archiduc Charles ſon ſecond fils, des
Archiducheſſes ſes filles, ſes
enfans mâles ou femelles, leurs
Heritiers ſucceſſeurs, comme
auſſi le Roi des Romains en ſon
propre nom, renonceront lors
qu'ils entreront en ce preſent

Traité, & qu'il le ratifieront,
& le Serenimffime Archiduc
Charles dés qu'il fera majeur,
à tous Droits & pretenfions fur
les Royaumes, Ifles, Etats, Païs,
Places qui compofent le partage & les portions affignées cy-
deffus à Monfeigneur le Dauphin, de celui qui aura le Duché de Milan par échange de
ce qui fera donné à Monfeigneur le Dauphin, & que de
tout cela ils feront expedier des
Actes folemnels dans la plus forte & meilleure forme qu'il fe
pourra, fçavoir l'Empereur, le
Roi des Romains quand ils ratifieront le prefent Traité, & le
Sereniffime Archiduc dés qu'il
fera majeur, lefquels feront delivrez à fa Majefté Britanique
& aux Seigneurs Etats Generaux.

VII.

Immediatement aprés l'échange des ratifications de ce present Traité, il sera communiqué à l'Empereur, lequel sera invité d'y entrer, mais si trois mois aprés, à conter du jour de ladite communication & de ladite invitation, ou le jour que sa Majesté Catholique viendroit à deceder, si c'étoit avant ledit terme de trois mois, sa Majesté Imperiale & le Roi des Romains refusent d'y entrer & de convenir du partage assigné au Serenissime Archiduc, les deux Seigneurs Rois ou leurs successeurs, & les Seigneurs Etats Generaux conviendront d'un Prince auquel ledit partage sera donné ; & en cas que nonobstant la presente convention, ledit Archiduc voulut prendre possession de la portion qui lui sera écheuë, avant qu'il ait accepté le present Traité, ou de celle qui est assignée à Monseigneur le Dauphin ou à celui qui aura le Duché de Milan pour échange, comme il est dit cy-dessus, lesdits deux Rois & les Seigneurs Etats Generaux en vertu de cette convention, l'empêcheront de toutes leurs forces,

VIII.

Le Sereníssime Archiduc Charles ne pourra passer en Espagne ou dans le Duché de Milan du vivant de sa Majesté Catholique, que d'un commun consentement & point autrement.

IX.

Si le Serenissime Archiduc vient à mourir sans enfans, soit avant ou aprés la mort du Roy Catholique, le partage qui lui est assigné cy-dessus par l'article VI. de ce Traité, fera donné à tel enfant mâle ou femelle de l'Empereur ou du Roi des Romains, que fa Majefté Imperiale trouvera bon de defigner, & en cas que fa Majefté Imperiale vient à mourir fans avoir fait ladite defignation, elle pourra eftre faite par le Roi des Romains, mais le tout à condition que ledit partage ne pourra jamais eftre reüni ou demeurer en la perfonne devenu l'un ou l'autre, foit par fucceffion, Teftament, Contrat de Mariage, donnation, échange, ceffion, appel, revolte ou autre voye, & de même le partage du Sereniffime Archiduc ne pourra jamais revenir ou demeurer en la perfonne d'un Prince qui fera Roi de France ou Dauphin, ou qui fera devenu l'un ou l'autre, foit par Teftament, Succeffion, Donnation,

nation, Contract de mariage, échange, ceſſion, appel revolte ou autre voïe.

X.

Le Roy d'Eſpagne venant à deceder ſans enfans, & ainſi le cás arrivant, les deux Seigneurs Rois & les Seigneurs Etats Generaux s'obligent de laiſſer la Succeſſion dans l'état comme alors elle ſe trouvera, ſans s'en ſaiſir en tout ou en partie, directement ou indirectement, mais chaque Prince pourra d'abord ſe mettre en poſſeſſion de ce qu'il luy a eſté aſſigné pour ſon partage, dez qu'il aura ſatisfait de ſa part aux Articles 4 & 6. precedens celui-cy ; & s'il ſe trouve quelque difficulté; les deux Seigneurs Rois, & les Seigneurs Etats Generaux feront tous leurs efforts poſſibles, afin que chacun ſoit mis en

possession de sa portion selon
cette convétion, & qu'elle puisse avoir son entier effet, s'en-
gageant de donner par mer &
par terre les secours & assistan-
ces d'Hommes & de Vaisseaux
necessaires pour contraindre
par force ceux qui s'oppose-
ront à ladite execution.

XI.

Si lesdits Seigneurs Rois, lesdits Seigneurs Etats Generaux
ou quelqu'un d'eux sont atta-
quez de qui que ce soit, à
cause de cette convention, ou
de l'éxecution qu'on en fera, on
s'assistera mutuellement l'un
l'autre avec toutes ses forces,
& on se rendra garant de la
ponctuelle execution de ladite
convention, & des renonciations faites en consequence.

XII.

Seront admis dans le present

Traité tous Rois , Princes &
Etats qui voudront y entrer, &
il fera permis aufdits deux Sei-
neurs Rois & aufdits Seigneurs
Etats Generaux , & à chacun
d'eux en particulier, de requerir & inviter tous ceux qu'ils
trouveront bons de requerir &
inviter d'entrer dans le prefent
Traité & de la validité des
Renonciations qui y font con-
tenuës.   XIII.

Et pour affurer encore davantage le repos de l'Europe,
lefdits Rois Princes & Etats
feront non feulement invitez
d'être garents de ladite execution du prefent Traité & de la
validité defdites renonciations
comme cy-deffus, mais fi quelqu'un des Princes en faveur
defquels les partages font faits,
vouloit dans la fuite faire de
nouvelles entreprifes y con-

traires, & ainfi s'agrandir aux
depens les uns des autres, fous
quelque pretexte que ce foit,
la méme garantie fera cenfée
devoir s'étendre auffi en ce cas
là; En forte que les Rois, Princes & Etats qui la promettent,
feront tenus d'employer leurs
forces pour s'oppofer aufdites
entreprifes, & pour maintenir toutes chofes dans l'état
convenu par lefdits Articles.

X I V.

Que fi quelque Prince que
ce foit, s'oppofe à la prife de
poffeffion des partages convenus, lefdits deux Seigneurs
Rois & les Seigneurs Etats Generaux feront obligés de s'en-
treaider l'un l'autre contre cette oppofition, & de l'empé-
cher avec toutes leurs forces;
& l'on conviendra d'abord,
aprés la fignature du prefent

Traité, de la portion que chacun doit contribuer tant par mer que par terre.

X V.

Le present Traité & tous les Actes faits en consequence, ou qui y ont rapport, & nommément les Actes solemnels que Sa Majesté Tres-Chrétienne & Monseigneur le Dauphin sont obligez de donner en vertu de l'Article 4. cy-dessus, seront enregistrez au Parlement de Paris, suivant leur forme & teneur, & l'usage ordinaire pour avoir lieu aux conditions qui y sont portées, dez que l'Empereur sera entré dans le present Traité, ou au bout des trois mois qui luy sont donnez pour cet effet, s'il n'y entre pas plûtost, & pareillement Sa Majesté Imperiale sera tenuë, quand elle entrera dans le preſent Traité, de le faire approuver & enregiſtrer avec tous les Actes faits en conſequence, ou qui y ont du rapport, nommément les Actes ſolemnels que Sa Majeſté Imperiale, le Roi des Romains & le Sereniſſime Archiduc ſeront obligez de donner en vertu de l'Article 6. cy-deſſus en ſon Conſeil d'Etat, ou ailleurs, ſuivant les formes les plus autentiques du Païs.

XVI.

Les Ratifications des deux Seigneurs Rois & des Seign. Etats Generaux ſeront toutes trois échangées en même tems à Londres dans l'eſpace de trois ſemaines complettes, du jour que leſdits Seigneurs Etats Generaux l'auront ſigné, ou plûtôt ſi faire ſe peut. Fait & ſigné à Londres le 3. Mars 1700.

par Nous Plenipotentiaires de
France & d'Angleterre, & à la
Haïe le 25. dudit mois de Mars
1700. Par Nous Plenipotentiaires de France & des Seigneurs
Etats Generaux ; lesdits Seigneurs Roy & lesdits Seig-
neurs Etats Generaux estant
convenus que les Signatures de
ce present Traité se feront de la
sorte : En foi de quoi nous avons
signé le present Traité de nôtre
main & fait apposer le cachet
de nos armes; Signé & cacheté.
TALLARD, BRIORD, PORT-
LAND, JERSEI, I. WANHESEN.
F. P. BUIDE, A. HEINSIUS,
J. V. DE NASSAU, E DE WAL-
DE, G. WANHEREN, ARNAUD
LE MAYER, J. WERKENTE.

MEMOIRE

DE

L'AMBASSADEUR

DE HOLLANDE.

LE SOUBSIGNE' AM-
BASSADEUR Extraor-
dinaire des Provinces
Unies des Païs-Bas, vient de re-
cevoir des ordres des Seigneurs
ses Maîtres, de repreſenter tres-
humblement à Sa Majeſté tres-
Chrêtiene, que leurs Hautes-
Puiſſances ne ſe ſont pas atten-
du à la réſolution qu'il a plû à
Sa Majeſté lui faire notifier par
ſon Ambaſſadeur, Monſieur le
Comte de Briord, au ſujet du
Teſtament du feu Roi d'Eſpa-

gne en faveur de Monſieur le
Duc d'Anjou, puis qu'elle eſt
contraire au Traité fait par Sadite Majeſté tres-Chrêtienne
avec Sa Majeſté Britanique &
leurs Hautes-Puiſſances, tou-
chant la ſucceſſion de Sadite
Majeſté Catholique, lequel elles croyent devoit eſtre obſervé
en tout, & dont on ne doit s'é-
carter que de concert & d'un
conſentement unanime de tous
les Contractans, outre que le
temps dans lequel, ſelon l'Article ſecret, l'Empereur peut entrer dans ledit Traité, n'eſt pas
encore expiré, & que conformément à icelui leurs Hautes-
Puiſſances aprés avoir reçû la
nouvelle de la mort du Roi
d'Eſpagne, y ont encore invité
Sa Majeſté Imperiale de nouveau & de la maniere la plus
preſſante.

I v

Que pour ces raisons leurs Hautes - Puiſſances eſperent que Sadite Majeſté conſiderant cette affaire de nouveau, aura auſſi la bonté d'y faire de nouvelles reflexions, avec ordre à leurſdit Ambaſſadeur de prier Sadite Majeſté de perſiſter à ſe tenir au Traité ſuſdit, & de l'obſerver en tant qu'il le regarde. Fait à Marly le vingt-cinq Novembre 1700. Et étoit, Signé J. Heemskersk.

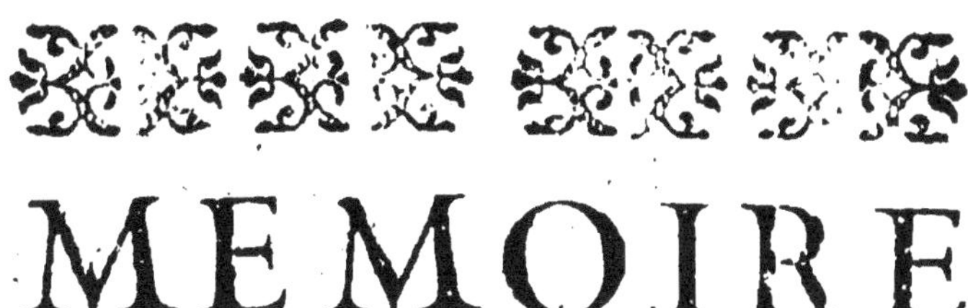

MEMOIRE
SERVANT.
DE REPONSE
à celui de l'Ambassadeur de Hollande.

SI Messieurs les Etats Generaux des Provinces-Unies paroissent presentement surpris que le Roi ait accepté le Testament du feu Roi d'Espagne, ils remercieront bien tôt Sa Majesté de preferer en cette occasion le repos public aux avantages de sa Couronne, il suffira qu'ils aient le temps d'examiner avec leur prudence ordinaire les troubles infinis que l'execution du

Traité de partage, produiroit, & cette même prudence les fera défifter de la demãde contenuë dans le Memoire qu'ils ont remis à Ambaffadeur prés de Sa Majefté, ils avoüeront que le malheur de l'obtenir, feroit commun à toute l'Europe, & certainement, ils jugeront que rien n'eft plus oppofé au Traité que d'en abandonner l'efprit pour s'attacher uniquement aux termes.

Car enfin, il a falu dans cette conjonĉture diftinguer l'un & l'autre, l'Efprit & les termes du Traité étoient unis pendant que le Roi d'Efpagne a vécu, les dernieres difpofition de ce Prince & fa mort y mettent une telle difference que l'un eft abfolument détruit, fi les autres fubfiftent, le premier maintient la Paix generale, les feconds

cauſent une Guerre univerſel-
le. Cette ſeule obſervation
vraye decide des choix à faire
pour ſe conformer à l'objet principal du Traité tel qu'il eſt ex-
pliqué par les premiers Articles, la tranquillité Generale
de l'Europe, conſerver le repos
public, éviter une nouvelle
Guerre par un accommodement
des diſputes & des differens,
qui pourroient reſulter au ſujet
de la ſucceſſion d'Eſpagne ou
par l'ombrage de trop d'Etats
réünis ſous un même Prince,
c'eſt par de tels motifs que le
Roi a pris avec ſes Alliés ces
meſures neceſſaires pour prevenir la Guerre, que l'ouverture
de la ſucceſſion d'Eſpagne ſem-
bloit devoir exciter.

La vûë de Sa Majeſté n'a pas
été d'acquerir par un Traité les
Royaumes de Naples & de Sici-

le, la Province de Guypufcoa & le Duché de Lorraine, fes Alliés n'avoient aucun droit fur ces Etats, peut-être auroit elle obtenu des avantages plus confiderables par fes armes, fi elle avoit eu deffein de les employer à l'occafion de la mort du Roi d'Efpagne ; mais fon principal objet étant de maintenir la Paix, elle a traité fur cet unique fondement, elle a permis à Monfeigneur le Dauphin de fe contenter du partage deftiné à lui tenir lieu de tous fes Droits fur la fucceffion entiere des Royaumes d'Efpagne, s'il arrive donc que les mefures prife dans la vûë de maintenir la tranquillité publique, produifent un effet contraire, qu'elle engage l'Europe dans une nouvelle guerre, s'il devient neceffaire pour conferver la Paix d'ufer de moïens differens de ceux qu'on s'étoit proposés , si cette route nouvelle ne cause aucun prejudice aux Puissances Alliés de Sa Majesté , si le seul desavantage rètombe sur elle & qu'elle veüille bien sacrifier ses propres interests au bonheur General de la Chrétienté non seulement, il dépend de Sa Majesté de le faire , mais encore elle a lieu de croire que ses Alliez loüeront sa moderation , son amour pour la Paix, plûtôt que de se plaindre d'un changement que le bien public demande, qu'ils le remercieront d'une résolution qu'il étoit impossible de diferer sans s'exposer en même temps à une longue & sanglante Guerre , que Sa Majesté de concert avec eux à voulu prevenir.

On en voyoit déja les pre-

mieres apparences , les Espagnols jaloux de conserver leur
Monarchie en son entier , se
preparoient de tous côtez à la
défense, le Milanois, les Royaumes de Naples & de Siciles , les
Provinces & les Places comprises dans le partage , tout se met-
toit en état de se maintenir unis
au cœur de la Monarchie Espa-
gnole , la Nation demandoit
seulement pour l'opposer à la
division, un Roi qu'elle pût legitimement reconnoître. Et
quoique l'inclination de tous
les Etats des Royaumes d'Espagne, fût universellement portée pour un Prince de France,
les Sujets de cette Monarchie
auroient été fidelles à ceux que
la disposition du feu Roi Catholique leur indiquoit au refus
d'un fils de Monseigneur le
Dauphin.

Ils n'étoient plus incertains que sur l'acceptation, car enfin le feu Roi ayant rendu justice aux veritables Heritiers, leur refus auroit autorisé l'Espagne à se soumettre à l'Archiduc, personne apparemment ne doutera que l'Empereur n'eût accepté le Testament.

La succession d'Espagne pour son second fils avoit été le but de ses longues negociations à Madrid. Ses Traités dans l'Empire étoient pour la même fin, il n'avoit refusé de souscrire à celui de partage, que dans cette unique esperance, il seroit bien difficile de persuader que, Maître, de recueillir les fruits de tant de peines, il eût voulu les perdre, & se contenter des mêmes offres qu'il avoit constamment rejettées.

Ainsi, l'Archiduc devenant

Roi d'Espagne du consentement de toute la Nation, il falloit pour executer le Traité,
conquerir les Royaumes & les
Etats reservés par le partage de
Monseigneur le Dauphin, il
n'y avoit plus lieu d'alleguer le
tort fait aux veritables Heritiers, leurs droits avoient été
reconnus, il falloit attaquer un
Prince declaré Successeur de
tous les Etats dependans de la
Monarchie d'Espagne, ses nouveaux Sujets accoûtumez à la
fidelité envers leur Maître, ins-
truits du refus des veritables Heritiers, auroient été aussi zelés
pour lui qu'ils l'ont toûjours été
pour les Rois precedens.

Messieurs les Etats Generaux
informez par le Roi de toutes
les demarches pour l'execution
du Traité, sçavent, que Sa Majesté sollicitant ouvertement

les Princes d'entrer dans les mêmes engagemens , n'a jamais tenté par des voyes secrettes la fidelité des Sujets du feu Roi Catholique , elle n'avoit donc aucune intelligence ny dans les Royaumes de Naples , ny dans celui de Sicile , ni dans aucun des Etats compris dans le partage de Monseigneur le Dauphin.

La force ouverte étoit l'unique moyen de les attaquer, mais la Guerre une fois recommencée, aprés avoir refusé la justice que le Roi Catholique vouloit faire aux Princes de France, étoit difficile à terminer, un Roi possesseur de toute la Monarchie d'Espagne sans aucune condition , auroit été reduit à de grandes extremitez avant que de ceder les Royaumes de Naples & de Sicile, la Province de Guypuscoa , le Duché de

Milan, & les autres Païs & Places, dont le partage de Monseigneur le Dauphin devoit être composé. Il est inutile d'examiner quelles auroient été les suites de cette guerre, elle étoit inévitable, & cette certitude suffit pour faire voir que les sages précautions prises pour maintenir une paix inviolable dans l'Europe, étoient absolument renversées par les mêmes moyens qu'on avoit seuls jugés propres à l'entretenir.

On dira peut-être que l'Empereur connoissant les inconveniens de la guerre, ses incertitudes, les malheurs qu'elle entraine avec elle, auroit accepté le Traité, que renonçant au Testament, il auroit obligé l'Archiduc à se desister de ses droits & à se contenter du partage stipulé par luy.

L'Empereur étoit certainement le maître de le faire, mais
ses refus precedens portés jufques à l'extremité , permettoient - ils de croire qu'il prit
cette refolution , quand même
il l'auroit prife , le repos public en étoit il plus affuré ? Le
Duc de Savoye eft fans aucun
engagement , il eft apellé par
le Teftament au défaut des
Princes de France & de l'Archiduc , quelle offre pourroit-
on lui faire affez confide-
rable pour l'empêcher de faire valoir fes nouveaux droits
& pour balancer les avantages
qu'il pourroit en efperer.

On ne dira pas que les Puif-
fances Alliées l'auroient fubfti-
tué à l'Archiduc , ce n'eft pas le
cas , puifque l'on fuppofe que
l'Empereur auroit accepté le
Traité, quel échange à luy pro-

poſer ; qui ne ſoit infiniment inferieur à ce que l'avenir luy preſente, & ſon interêt particulier ne l'obligeroit-il pas à faire valoir le Teſtament en faveur du Prince, qui auroit voulu s'y conformer , enfin la diſpoſition faite par le feu Roy Catholique produiſoit encore de nouveaux embarras pour le choix du Prince à ſubſtituer à l'Archiduc.

Puiſque Meſſieurs les Etats Generaux rapellent cet article ſecret du Traité , ils auront apparemment examiné quel Prince en état de ſoûmettre les Eſpagnols à ſon obeïſſance, auroit voulu malgré la Nation monter ſur le Thrône d'Eſpagne & ſoûtenir ſes Etats & la Monarchie demembrée contre les entrepriſes de l'Archiduc autoriſé par le Teſtament du feu Roy & con-

tre celle du Duc de Savoye in-
tereſſé à maintenir ſes dernieres diſpoſitions, il ne paroît
pas qu'on eût aiſément accom-
modé tant de differens ſans apporter le moindre trouble à la
tranquilité generale.

On ne pouvoit prevoir au
contraire qu'une guerre univer-
ſelle, il falloit donc employer
pour conſerver la paix, des
moyens differens de ceux que
l'on s'étoit propoſé, en ſignant
le Traité; le plus naturel, le plus
conforme au maintien de la
tranquillité generale, le ſeul juſte conſiſtoit dans la reſolution
que le Roy a priſe d'accepter le
Teſtament du feu Roy Catholique, ſi quelque Prince a droit
de s'oppoſer à ces dernieres diſpoſitions, il ſuffit de les lire pour
juger que ce droit apartient
ſeulement à Monſeigneur le

Dauphin, lorsqu'il veut bien s'en désister en faveur du Roy son fils. Le Testament s'execute sans effusion de sang, & les Peuples d'Espagne reçoivent avec la paix un Prince que la Naissance, la disposition du feu Roy, les vœux unanimes de tous les Etats de la Monarchie d'Espagne, appellent à la Couronne.

Si quelque Puissance entreprend d'attaquer autant de droits reünis, elle se chargeroit inutilement du nom odieux de Perturbateur du repos public, elle commenceroit une guerre injuste sans apparence de succés. Mais si cette guerre paroissoit injuste, lorsqu'elle seroit entreprise par des Puissances, qui se croyent interessées à traverser les avantages d'un Prince de France, seroit-il de l'équité du Roy, de sa tendresse pour le Roi d'Espagne , de tourner ses armes contre une nation dont le seul démerite seroit d'apporter à son nouveau Roy , petit fils de Sa Majesté , la Couronne d'une des plus Puissantes Monarchies de l'Europe , & de lui demander pour toute grace de vouloir bien l'accepter.

L'élevation des Rois ne les peut dispenser de faire connoître l'équité des guerres qu'ils entreprennent , quelles raisons , Sa Majesté , juste comme elle est , pourroit-elle donner , de reprendre les armes pour separer une Monarchie déferée toute entiere au legitime Héritier ?

On avoit voulu le priver de ses droits , l'Empereur se croyant asseuré des intentions du feu Roy d'Espagne , se promettoit d'en recüeillir toute la succession, la justice , l'honneur , l'interêt de la Couronne , la tendresse paternelle obligeoient également le Roi à soûtenir de toutes ses forces les droits de Monseigneur le Dauphin , les succés precedens instruisoient de ce qu'on devoit craindre de l'éfort de ses armes , le Roi

K

d'Angleterre & les Etats Generaux defirant également de prevenir la guerre, le Roi y confentit, Monfeigneur le Dauphin voulut bien abandonner la plus grande partie de fes droits, à condition que les Etats qu'il s'étoit refervez, lui feroient affeurez; ce defir égal de maintenir la paix, produifit le Traité, & c'eft ainfi que par de fages precautions prifes pendant la vie d'un Prince, dont les frequentes & dangereufes maladies annonçoient une mort prochaine, ont crû en partie rendre juftice aux veritables Héritiers & établir en même tems le fondement d'une paix folide dans l'Europe.

Les difputes excitées fur la validité de la renonciation de la feüe Reine fervirent de motifs à cet accommodement. En effet, il eut été inutile, fi la nullité de cette renonciation eût été auffi bien reconnuë pendant la vie du feu Roi Catholique, qu'elle a été declarée par fon Teftament.

Enfin, il étoit neceffaire que le Roi voulût bien expliquer pofitivement, s'il acceptoit le Teftament, qui eſt en faveur du Roi ſon petit fils, ou bien ſi Sa Majeſté le refuſe-roit abſolument, il n'y avoit point de milieu, point de changement à pro-poſer ; Sa Majeſté acceptant le Teſta-ment, les droits ſur toute la ſucceſ-ſion en entier, paſſent inconteſtable-ment au nouveau Roi d'Eſpagne, il ne lui eſt pas permis de les ſeparer, d'accepter une partie de la ſucceſſion & de refuſer l'autre.

Le refus du Teſtament tranſpor-toit tous les droits à l'Archiduc, il ne reſtoit pas même aux veritables héritiers de raiſon legitime de ſe plaindre, qu'ont leur eût fait aucune injuſtice, parconſequent en quelque cas que ce ſoit, Sa Majeſté, voulant maintenir les conditions du Traité, étoit obligée d'attaquer un Prince vivant, poſſeſſeur de la Couronne d'Eſpagne, & toutesfois les meſures qu'elle avoit priſes avec ſes Alliez, regardoient ſeulement le partage de la ſucceſſion d'un Prince dont la mort paroiſſoit prochaine.

Puiſque la Guerre étoit inévitable, qu'elle étoit juſte, ſi le Roi eut pris

K ij

la refolution de fe tenir precifément
aux termes du Traité de partage,
Meffieurs les Etats Generaux n'ont
aucun fujet de fe plaindre que Sa
Majefté l'ait prevenuë, en acceptant
le Teftament, à moins que cette refolution ne leur caufe quelque prejudice, jufqu'à prefent on ne le de-
couvre pas, la feule veüe qu'ils ont
eu en traitant, leur unique interêt a
été la tranquillité generale. On leur
doit la juftice de declarer qu'ils n'ont
ftipulé pour eux-mêmes aucun avantage particulier, nulle Province, nulle Place, nul Port de Mer dependant
de la Monarchie d'Efpagne, foit dans
l'ancien, foit dans le nouveau monde, nul article fecret pour faciliter
leur Commerce, ils ont proprement
fait l'Office de Mediateurs des interêts entre le Roy & l'Empereur, ils
ont voulu pacifier par avance les
troubles que les differens reciproques
fur la fucceffion, fembloient devoir
bientôt produire, fi l'Empereur mar-
quant le même defir de maintenir la
paix, eût foufcrit au Traité, les engagemens pris alors entre les feules

Parties veritablement intereſſée à la ſucceſſion auroient été differens, mais il n'y a de Traité qu'avec les Mediateurs, & Meſſieurs les Etats Generaux informez de toutes les démarches du Roi par raport au Traité, ſçavent l'inutilité des inſtances faites à Vienne au nom de Sa Majeſté, ils ſçavent que l'Empereur perſuadé que l'Archiduc ſeroit appellé à la ſucceſſion entiere des Royaumes d'Eſpagne, ne vouloit s'engager à la ſeparation des Etats de la Monarchie, qu'autant qu'elle lui auroit été utile pour étendre ſon autorité en Italie, qu'ils ſe plaignent de l'Empereur & de ſes refus continuels, s'ils voyent avec peine que Sa Majeſté ait accepté le Teſtament, quoy que ce memoire puiſſe donner lieu à ſon Ambaſſadeur de le croire, elle veut cependant encore ſuſpendre ſon jugement juſqu'à ce qu'ils ayent fait de plus ſerieuſes reflexions ſur ce grand évenement. Elle connoît la ſageſſe des Conſeils de la République. Toutes choſes bien examinées, Meſſieurs les Etats Generaux trouveront peut-être , que tant d'Etats confiderables acquis à la France, fuivant la difpofition du Traité , pouvoient donner une jufte jaloufie de fa puiffance , & s'il dépendoit d'eux de choifir , les apparences font qu'ils prefereroient à l'execution du Traité , fuivant les termes, l'Etat prefent de la Monarchie d'Efpagne gouvernée par un Prince de France fans divifion de fes Etats.

Les peuples en Angleterre & en Hollande prevenoient déja ce que le Gouvernement decideroit en cette occafion , & leurs plaintes fur l'union des Royaumes de Naples & de Sicile à la Couronne de France , marquoient ouvertement leurs inquietudes pour le commerce de la Mediterranée.

Si le Roy d'Efpagne eft Prince de France , fa haute naiffance , fon éducation , l'Exemple du Roi , lui font connoître ce qu'il doit à fa gloire , au bien de fes peuples & aux interêts de fa Couronne , ces confiderations feront toûjours les premieres dans fon Efprit , elles le porteront à relever la splendeur de Sa Monarchie, & d'ailleurs la tendresse du Roy pour Sa Majesté Catholique feroit certainement la plus forte barriere, l'asseurance la plus solide que l'Europe pourroit desirer, si l'attention du Roi à maintenir la paix, permettroit encore la moindre crainte des desseins de Sa Majesté, on prendroit bien plus d'ombrage de trop d'Etats réünis sous un même Prince, si le Traité pouvoit avoir son éxécution.

Ces reflexions persuaderont apparemment Messieurs les Etats Generaux que la justice, le bien de la paix, l'Esprit même du Traité ne permettoient pas que le Roy prît d'autre résolution que celle d'accepter le Testament du feu Roy d'Espagne, qu'elle convient parfaitement aux interêts de la République de Hollande, qu'elle est conforme à ceux de toute l'Europe ; le malheur feroit donc général, s'il étoit possible, que Sa Majesté eût égard aprés la déclaration qu'elle a faite aux instances contenuës dans leur dernier

Memoire, & veritablement elle eſt perſuadée, que jamais ils n'ont eu deſſein d'en obtenir l'effet, ils ſont trop éclairez pour avoir formé des vœux auſſi contraires à leurs lumiéres, & aux véritables interêts de leur République, s'ils étoient aſſez capables de les oublier pour ſouhaiter effectivement que Sa Majeſté voulût éxécuter les conditions du Traité, ils auroient fait voir les moyens aſſûrez d'accomplir le partage ſans guerre, & du conſentement général de toute l'Europe, ils auroient au moins nommé les Princes prêts à joindre leurs forces pour en garentir tous les Articles, ils auroient énoncé celles que la République de Hollande auroit donné, ſoit par Terre, ſoit par Mer. Le Memoire ne contient rien de ſemblable. Meſſieurs les Etats propoſent ſeulement d'accorder encore à l'Empereur le terme de deux mois porté par l'article ſecret du Traité, ont-ils déja perdu le ſouvenir qu'il y a ſept mois que ce Prince délibere, que ſes réponſes aux differentes inftances qu'on lui a faites, contenoient un refus abfolu de fouf-crire au partage, qu'ils examinent quel auroit été le fruit de cette nou-velle propofition, l'Empereur re-fufoit le partage fur la fimple efpe-rance que le Roy d'Efpagne appel-leroit l'Archiduc à la fucceffion, cette efperance étoit vaine alors, & le fait le verifie, cependant fi elle étoit capable de fufpendre les refo-lutions de l'Empereur, que ne feroit pas la certitude qu'il auroit prefen-tement de procurer à l'Archiduc tou-te la fucceffion d'Efpagne ; car en-fin, le délay de deux mois propofé en cette occafion par les Etats Gé-néraux, auroit été régardé avec rai-fon comme un refus que le Roy au-roit fait du Teftament du feu Roy Catholique. Il n'y avoit pas d'ap-parence d'exiger d'eux d'attendre une réponfe pendant un auffi long-tems, encore cette réponfe fuivant les ter-mes du Traité ne pourroit être qu'-un refus, ainfi la Regence d'Efpa-gne étoit obligée pour fe conformer

aux intentions du feu Roy Catolique de déferer la Couronne à l'Archiduc. Et les Etats Généraux pro-
pofent ce qu'il a recherché inutilement avec tant de peine, ainfi foûs
le pretexte fpecieux du Traité, ils
affurent à jamais la grandeur & la
puiffance de la Maifon d'Autriche.

Sa Majefté veut bien croire qu'ils
n'ont pas eu ce deffein, ils connoiffent trop les interèts qu'ils ont de
meriter par leur bonne conduite
l'honneur de fon affection, & la
continuation des marques de fa bien-
veüillance. Elle l'affure donc, que
faifant plus de réfléxion qu'ils n'ont
fait aux témoignages qu'elle donne
de fon attention au maintien du répos public, au facrifice qu'elle veut
bien faire dans cette vûë, des Etats
confiderables qu'elle regardoit comme devant être réünis à fa Couronne, ils changeront leurs plaintes en
remerciemens, & félicitant au plû-
tût le Roy d'Efpagne fur fon avene-
ment à la Couronne, ils tâcheront

de meriter du Roy les mêmes marques de bonté & de protection qu'-
eux & leurs Ancêtres ont reçûës de
Sa Majesté , & des Rois ses predecesseurs.

www.ingramcontent.com/pod-product-compliance
Ingram Content Group UK Ltd.
Pitfield, Milton Keynes, MK11 3LW, UK
UKHW021643170726
13836UKWH00005B/2367